The Internal Branding

ザ・インターナル ブランディング

栗原隆人・鵜川将成［著］

物語でわかる 組織変革のリアル

同友館

※本書のストーリーはフィクションであり、登場人物、団体名等はすべて架空のものです。

はじめに

2020年。あまりに突然に、私たちを取り巻く環境は変化しました。

この変化は何をもたらすのか。仕事と働く人の関係はどう変わっていくのだろうか。皆さんと同じく不安な日々を過ごす中で、少しでも何かを見つけられればと、私たちの会社では働く方々を対象にインターネット上での調査を行いました。


そこで見えてきたことの一つは、もしかすると今まで以上に、会社で働くことや自分の会社そのものに対して、人々が消極的になっていくかもしれないという兆しでした。

未来がどうなるかわからないという不安と、リモートをはじめとした顔の見えない働き方の中で、組織への帰属意識が下がり、挑戦に対して少し臆病になっている現状が明らかになったのです。


仕事は、食べていくためにするもの。

仕事の時間は、短ければ短いほうがいい。人生の楽しみは、仕事の外にある。

会社は、好きでも嫌いでもない。責任者になんか、なりたくない。

新型コロナの流行前から広がっていた、働き方改革も含めた大きな流れの中で、若い世代を中心に、そんな価値観が広がっているのかもしれません。

一方で、調査からは、意外にも会社に対して愛着を感じている人の数が増えていることも見えてきました。（このあたりの調査結果は、巻末に記載いたしました弊社ウェブサイトにて、より詳細なデータをご紹介しております）

今の環境に対して「本当にそれでいいのか？」と悩んでいる人が数多くいる。
私達がこれまでコンサルティングの現場で感じてきたことです。

誰だって本当は、今いる会社に愛着を持ちたい。
誇りを持って、「ここで働いているんだ」と言いたい。
それは、必ずしも古い価値観ではないと思います。単純な話ですが、仕事が面白くて、会社が好きだったら、プライベートと合わせて、人生が二倍楽しくなるはずです。

仕事が楽しくて、チームを愛する人たちが、協力して素晴らしいことを成し遂げる。そんな夢のような企業が、世の中には一定数存在しています。

ぱっと思い浮かぶのがアメリカや北欧の企業であるのが残念ですが、日本にもそんな企業が増えて、世界から羨まれるような国になってほしい。

きっと、同じ想いでいる方は大勢いて、それぞれの会社で一所懸命頑張っているのだけれど、その道程は遠く、志ある人が折れてしまうことも多いと感じています。

そんな方々に、将来へのヒントを少しでも提供したい。そう思って本書を書きました。タイトルでは「インターナルブランディング」という言い方をしていますが、組織風土変革、ビジョン浸透、呼び方はいろいろあると思います。ざっくりといえば、組織の温度を上げ、自律的に考えて行動する社員を増やし、健全な組織への改革をしていくことを、我々は「インターナルブランディング」という言い方をしています。

今回、単純な理論やノウハウだけでなく、組織変革を進める際の人々の感情の動きを描くため、小説形式に挑戦しました。

とある企業で、組織風土変革をミッションとして渡された一人のビジネスパーソンが、悩んで壁にぶつかりながら、光明を見つけていくストーリーの中に、組織変革において陥りやすい状況や、その打開策のヒントを散りばめています。舞台は新型コロナが発生する前になっていますが、この基本的な考え方は、新型コロナによって働き方や会社との接し方が変わった後も、通用するものだと考えています。

本書を手に取った人が、もし組織変革を進めることに疲れていたとしたら、2時間後に少し顔色が良くなって、鼻息が荒くなっている。明日の会社で（もしかするとリモートの画面で）「おはよう」という声が少し大きくなっている。そんなことがあれば、この上ない喜びです。

栗原　隆人
鵜川　将成

もくじ

プロローグ……1
第1章 組織変革室の発足……9
第2章 死にかけた組織……37
第3章 インターナルブランディングの定石……69
第4章 シンボリックファクトをつくる……105
第5章 コンテストで社内を巻き込む……155
第6章 教会は屋根からつくれ……199
第7章 終わらない挑戦……243
エピローグ……281

登場人物

大野　健太　北電機株式会社　組織変革室室長　兼人事部課長補佐
相武　美穂　北電機株式会社　組織変革室　兼広報部
磯部　翔太　北電機株式会社　組織変革室　兼品質管理部

大野明日香　健太の妻
大野　美香　健太の娘
大野　守　健太の父　北電機株式会社ＯＢ

北里　直樹　北電機株式会社　代表取締役社長
北里　清　北電機株式会社　会長　前社長
藤野　誠　北電機株式会社　人事部部長　大野の上司
入山　秀郎　北電機株式会社　営業部課長　大野の元上司
前田　昭信　北電機株式会社　開発部部長
白石　輝彦　北電機株式会社　品質管理部課長
平岡　仁　北電機株式会社　営業部副部長

伏見　哲也　　北電機株式会社　製造部部長
稲積　大輔　　北電機株式会社　経営企画部部長
橋本　亮　　北電機株式会社　開発部　大野の同期
大島　拓也　　北電機株式会社　営業部
滝野　翼　　北電機株式会社　製造部
中島　信二　　北電機株式会社　製造部
津久井　淳　　北ソリューションズ株式会社　開発部
マスター　　BAR PLANET経営
矢部ヒロミ　　コンサルタント

INTERNAL BRANDING

プロローグ

北里直樹の愛車は、夜明け前の静寂に包まれた街を静かに走行していく。自宅から北電機株式会社の本社までは、車で10分とかからない。

祖父が創業した北電機株式会社は、エレクトロニクス関連のメーカーでいえば中堅といったところだ。北里が三代目社長に就任したのは42歳の時で、まさかこんなに早く世代交代するとは思っていなかったが、創業者の祖父と二代目の父が働く姿を見て育った北里は、自分が三代目となることを至極当然のこととして受け止めてきた。

技術者として優れた感覚を持ち、天才コンセプトメーカーと呼ばれた祖父。そんな祖父を尊敬して技術者の道に進み、二代目天才コンセプトメーカーの異名を引き継いだ父。どちらも、お世辞にも経営者に向いているとは言えなかった。北里が社長に就任した当時、北電機の経営状態はまさにどん底という言葉がふさわしいほどに悪化していた。

社長としての船出は、北里にとって非常にシビアな挑戦だった。北里は自分を奮い立たせるために、長年付き合ってきたミニバンから国産トップクラスの高級車に乗りかえた。身の丈に合わない買い物だとは思ったが、傾いた会社を目の当たりにして自責の念にさいなまれる父の姿を見るのは、社員として以上に息子として辛いものがあった。何としても北電機を守り抜かなければいけないと心に決めた北里は、この高級車が似合う経営者になると誓ったのだった。妻には「新しい家のほうが良かった」と嫌味を言われたが、いずれ同じ市内にある実家を譲り受けることになるだろうと説得した。

友人からは、50年も続いた会社を継いだ御曹司とからかわれることもあったが、祖父も父も「社員は家族」が口癖で、稼いだ分だけ社員に還元してしまうので、子どもの頃に特別贅沢な思いをした記憶はなかった。社長に就任した当初、勉強のためにと参加した若手経営者向けのセミナーで、モデルのようなダークスーツに身を包んで外車を乗り回す同世代を見かけると、気後れしてしまうほどだった。北里にとってこの車は、人生で家の次に高い買い物であったし、これから先もこれ以上高い買い物をすることは当分ないだろうと思っていた。

車窓越しに、華やかな着物を着た家族連れの姿が見えた。これから初詣に向かうのだろう。営業しているのはコンビニくらいで、いつもより少しだけ寂しい元日の県道沿いに、赤や黄色の着物がわずかに彩りを添えている。

いつもならそうした景色を横目に、クラシック音楽を聴きながら運転することが良い気分転換になっていたが、今日ばかりはクラシックの美しい旋律もあまり耳に入ってこない。北里はある思いを胸に、北電機の本社まで車を走らせていた。

午前6時を少し回ったころ、北電機本社の駐車場に到着した。3階建ての本社は、普段なら警備員が常駐しているが、年末年始は会社自体が休みのため不在だ。代表取締役社長といえども、警備システムを解除しなければ中には入れない。

「別に中に入りたいわけじゃない・・・」

北里は駐車場に停めた車の中で、誰に告げるわけでもなく、ぼそっとつぶやいた。軽く組んだ両腕をハンドルにあずけ、北里のつぶやきに何の反応も示さない自分の会社をじっと眺めた。数日前は仕事納めの忘年会であんなに賑やかだったのに、元日の会社はまるで廃墟のように静まり返っている。建物自体は何も変わらないのに、中に人が居ないだけでこんなにも印象が変わるのだ。北里は大きく息を吐いた。

――まるで潰れてしまった会社みたいだな。

毎年12月27日に仕事納めを迎える北電機では、社員全員で大掃除を済ませた後に、会議室を使ってささやかな忘年会が開かれる。本社勤務の社員に加え、子会社の北ソリューションズ株式会社や、工場勤務である開発部、製造部の社員も含め２００名近くが集まったため、会議室はぎゅうぎゅう詰めだった。

いつものように北里は乾杯のあいさつに立ち、「来年も実りある1年に」と当たり障りのない言葉を並べた。目の前で、社員たちが瓶ビールを片手に談笑している。1年間いろいろなことがあったにせよ、仕事納めの忘年会では誰もがほっとしたような顔をしている。年末年始に旅行を計画している者もいるだろうし、実家で家族とゆっくり過ごす者もいるだろう。しかし年が明ければ、また忙しい日々が始まる。せめて仕事納めの今日くらいは和やかに過ごしてほしい。北里もこの日ばかりは少し気が緩む。ビールはあまり得意ではない北里が、社員に注がれるままに一杯二杯と飲み進めてしまうのも恒例だったが、昨年末ばかりは少し様子が違った。和やかな忘年会でほっと一息つくこともなく、社員との会話もどこか上の空だった。

創業から50余年が経つ北電機は、ここ数年売上が伸び悩んでいる。エレクトロニクスメーカーとして１０００名に届くほどの社員を抱える北電機だが、ここ10年ほどは大手企業から依頼を受けたＯＥＭ製品の生産が中心で、メーカーとして業界から注目されるような自社製品や新技術の開発にはほとんど手をつけられていなかった。その理由はさまざまにあり、社内のそこら中に散在していた。

もともと北電機は祖父が立ち上げた小さな町工場で、自動車の電子部品に使われるトランジスタを製造していたが、祖父の創意工夫によって半導体を使った製品開発に次々と着手した。他社にはないアイデアと、この企業規模だからこそ可能になる小規模ロットかつ低コスト対応で、急成長を果たした。時代も良かったのだろう、北電機が創業したのは１９６７年で、いざなぎ景気と呼ばれる高度経済成長期の最中にあった。

創業者の祖父と二代目の父は、技術者としては一流だったと北里も思う。取引先などから天才コンセプトメーカーと呼ばれていたが、その異名に誇張はなかった。とにかくアイデアが斬新なのだ。長年培ってきた技術力に甘んじることなく、次々と新しいことに挑戦する。疑問に思ったことは、「どうせダメだろう」「こんなことに意味があるのか」と諦めたりせず、とことん追求する。トップが先頭に立ち開発に夢中になっている姿は、社員にとって強い求心力となったはずだ。当時は経営者と社員の間に強い信頼関係があり、「北電機にしかできないことを為し得るべし」という強いミッションを掲げ、それを実現していた。

祖父から引き継いだ北電機をもっと大きくしたいと思った二代目の北里清は、半導体業界を軸に新しい分野に参入していった。特に半導体センサーの需要が今後高まると考えた清は、開発にも巨額の予算を投じた。中国に大規模な工場を建設することで、人件費などのコスト削減を実現しながら大規模な生産体制を構築できると目論んだが、中国工場が稼働した翌年にリーマンショックが起こってしまい、北電機の経営状態は一気に傾いていった。

その当時、北里は営業部長を務めていた。勢いに任せて突き進む清に危なっかしさを感じていたものの、まだ会社の運営に対して口をはさめる役職にはついていなかった。同族経営の北電機において、社長の席が約束されている自分に対する社員の接し方に温度差を感じていたこともあり、余計な口は出さないことにしていた。

すっかり落胆した清は、自分のせいで会社を潰すことになるのは耐えられないと思ったのだろう、トップの交代を申し出てきた。とても情の深い人だから、過酷な局面で厳しい判断はできないだろうと考えた北里は、これも親孝行の一つだと考え、社長就任を引き受けた。

それからの10年は、ただただがむしゃらだった。非情な選択を迫られることも数々あったし、清を信じて開発に明け暮れた古参の技術者たちからは容赦ないバッシングもあった。

そうした数々の試練に北里が耐え続けたのは、絶対に会社を潰したくなかったからだ。祖父が立ち上げた北電機、父が守ってきた北電機を、自分の代で終わらせたくないという一心で、持てる全てを注ぎ込んできた。できることなら北電機を１００年続く老舗企業にしていきたい。もう一度、「北電機ここに在り」とその存在を世に示したい。そのために、今はプライドを捨てたのかと皮肉を言われても、生き延びないといけない。会社が倒産すれば、社員は路頭に迷う。社員だけではなく、社員の家族も困らせることになる。

北里は耐え続けた。耐え忍んで10年目に入る今年、その時はやってきた。これからは耐えるだけではない。攻めることで北電機を守るのだ。

そして元日、北里はある決意を持って一人車を走らせたのだった。まるで死んだように静まり返る北電機の本社まで。

第1章

組織変革室の発足

大野健太は自転車を押しながら、夜の闇の中にぼんやりと揺れる団地の灯りを見上げていた。約40戸からなる同じ形のマンションが5つ並んだこの団地は、棟と棟の間が公園になっていて、小さな遊具がいくつか点在している。どんな街でも見かけるような、何の変哲もない小さくて古い団地だ。

この団地は、大野が勤める北電機から自転車で20分ほどの距離にある。20分とはいえ、やはり真冬に自転車を漕ぐのは体に堪える。ホームセンターの初売りに開店前から並んで8800円で手に入れたばかりの愛車は、ピカピカの新しいボディに街灯の明かりを反射させていた。

大野は駐輪場に自転車を置き、両手に息を吹きかけて温めながら、マンションの自分の部屋あたりを見上げた。5つあるマンションの真ん中の棟、3階の左から2番目の部屋が大野の自宅だ。部屋に明かりがついている。今日は妻の明日香がお迎え担当の日だから、娘の美香とすでに帰宅しているようだ。

「ただいま」と玄関を開けると、美香が走ってきた。「パパおかえりなさい」と飛びついてくる。

「ただいま美香。今日はママのお手伝いできたかな？」

マフラーを外しながら、笑顔で話しかける。一人娘の美香の笑顔は、何よりも疲れが吹き飛ぶパワーを持っている。しかし、この日は美香の笑顔でも癒しきれないほど、大野はとても疲れていた。

毎年仕事始めの日には、北里社長から新年のあいさつがある。会議室に集まって社長のあいさつを聞きながら、それぞれ正月明けで鈍った頭を徐々に平常運転に戻していく。大野にとっても、穏やかな新年の幕開けとなるはずだった。

あいさつが終わり、デスクに戻ろうとした大野を人事部長の藤野が呼び止めた。

「北里社長が君のことを呼んでいたよ。今から社長室に行ってくれ」

「え、何でしょう、良くない報せでしょうか？」

「心配ない、行けばわかるよ」

昨年の4月に人事部課長補佐になったばかりの自分が、社長から直々に呼び出されることなんて、入社以来一度もなかった。何か重大なミスがあっただろうか、思い当たる節はないな。それとも昇進、いや時期外れだ。いずれにせよ、緊急で、イレギュラーで、かつ重大な、そしてなんとなくだが、あまり良い報せではない気がする。じわりと額に汗がにじむ。会議室を出て、北電機本社の1階にある社長室に急いだ。ドクドクと鼓動が早い。冷静にならなければと思うほど、人は冷静になれないものだ。今まさに社長に呼び出しを食らっている中堅社員となれば、特に。

社長室に入ると、北里社長がこちらを向いて座っていた。大野が入社したのは２００６年で、北里社長の父親である清会長がまだ社長だったころだ。清会長は、いつも汚れた作業着を着ていて、いかにも技術者という風貌だった。声が大きくて、どんな場所にいてもぱっと目を引く存在感があった。そんな清会長の息子とは思えないほど、北里社長は冷徹ともとれる静けさを漂わせている。

「呼び立ててすまない」

「とんでもございません」

大野は最小限の言葉を選んで発した。経年でくたびれた茶色いソファに手をかけ、皮がすれる鈍い音を立てながら、ゆっくりと座った。

「大野君を呼んだのは、君にお願いしたいことがあるからだ」

「はあ」

「お父さんは元気かね？」

「あ、父ですか。おかげさまで、退職してすぐは暇だと言っていましたが、1年経って隠居生活にも慣れてきたみたいです」

「そうか、それなら良かった。大野君のお父さんは、会長と共に北電機の黄金期を支えて来られた方だ。私も若い頃は本当にいろいろなことを教えて頂いた。大野君もお父さんから、北電機の昔話をいろいろと聞いているだろう」

「はい。父にとって北電機で働いていたことは誇りですから、今もしょっちゅう話を聞かされます」

「お父さんの話を聞いて、大野君は何か思うことがあるだろうか？」

「思うことと言いますと」

「昔の北電機と比べて、今の北電機はどうだと思う？」

「今の北電機ですか……」

何と答えたらいいのか分からなかった。目の前にいるのは自分が勤める会社の経営者だ。北里社長が父の話まで持ち出して、何かを聞きたいと思っているのは明らかだが、会社に対する不平や不満を率直に語ってしまっても大丈夫なのか。いや、そもそも自分は不平や不満を抱えているのだろうか？

大野は2006年に新卒で北電機に入社すると、最初は営業部に配属され、8年前にジョブローテーション制度で人事部に異動した。その後、希望を出せば営業部に戻ることもできたが、人事部の仕事の方が向いていると感じたので、そのまま残ることにした。ちょうど明日香と結婚したばかりだったので、出張の多い営業部は避けたいというのが建前だったが、本音を言えば、押しの弱い自分に営業は向いていないと悟っていたのだった。5年前に娘の美香が生まれると、自分よりもはるかに仕事好きな明日香は、美香が1歳になる前に職場復帰した。美香の保育園のお迎えを大野がこなせるのは、出張がなくほぼ定時に帰ることができる人事部だからこそだ。不平や不満があるなんて言ったら、贅沢な話だと思われるだろう。

大野がどんな返事をすればいいのか思いあぐねていると、北里社長はゆっくりと語り始めた。

「実は、組織変革室という新しいチームを立ち上げようと思っている」

「組織変革室」という言葉を聞いたのは初めてだった。きょとんとしている大野を気にも留めず、北里社長は話し続けた。

「大野君に室長をお願いしたい」

北里社長が社長に就任したのは２００９年だ。リーマンショックの影響を受けてボロボロになった北電機の立て直しを先代である清会長から託され、経営者の椅子に座ることになった。一流の技術者であった清会長は、取引先などから天才コンセプトメーカーと呼ばれていたし、大野自身も北電機には「技術の北電機」という印象を抱いていた。大野の父である守も北電機の技術者で、自宅に帰ると毎日のように晩酌の席で開発の話を楽しそうにするのだった。

エレクトロニクスメーカーとして一定の知名度を誇る北電機。学生だった大野は、子供の頃、父に連れられ仰ぎ見た社屋の記憶とあわせ、強いブランドイメージを持っていた。

しかし実際に入社してみると、経営状態は芳しくなかった。清会長に代わって、北里社長はリストラも行ったし、得意の半導体技術を活かすために立ち上げようとしていたセンサー事業もひとまず中止となった。立ち上げたばかりの中国工場も台湾メーカーにあっさり売却してしまった。会社を守るための決断だったのだろう。それでも清会長のもとベンチャー気質にあふれ、チャレンジすることに積極的だった社員たちを落胆させ、意欲を削ぐことになったのは事実だったはずだ。

大企業相手のOEMで食いつなぐ日々に、北里社長はずっともどかしさを感じていたという。だから社長に就任して10年目に入る今年、組織変革室を立ち上げて会社に活気を取り戻したいのだと大野に説明した。

北里社長の話はすぐには理解できなかったものの、大野は不思議に思ったことがあった。話の先行きは読めないにせよ、組織変革室の立ち上げは新しい試みであり、大きなチャレンジであるはずだ。10年耐え忍んできた北里社長にとって、組織変革は本当にやりたかったことのはずなのに、淡々と話しを進めている。その声には、今から新しいことを始めるぞといった高揚感は微塵も感じられない。どちらかというと、始める前から大きな不安を抱えているような、そんな印象を受けた。

どのくらい時間が経っただろうか。重々しい空気が流れる社長室で、ぐるぐる回る頭を抱えて大野は考えた。急な話で北里社長の言葉全てを理解できたわけではないが、事の重大さだけは理解できた。

――やばい、このままでは自分に大変な任務が降りかかってしまう。

そう思った大野は、枯れそうな声を必死に絞り出した。

「組織変革室を立ち上げたいということは分かりましたが、どうして私が室長なのでしょう。こういった新規案件は経営企画部のほうが適任だと思いますが」

「大野君の言うように、経営企画部のほうが適任かもしれない」

「でしたら……」

「でもな、経営企画部には任せられる人がいないんだよ」

「そうでしょうか。少なくとも私より適任者はいるのではないでしょうか」

「大野君は人事部だから、経企のメンバーの顔は把握しているだろう。大野君の上の世代の古株が大半だ。こう言っては悪いが、彼らの多くは自分がこの会社で最終的にどのポジションで終わるのかを考えているように思える。波風を立てるようなことをして、自分の現在の地位を落とすくらいなら、穏便な日々を選択したいと考えるだろう」

「はあ」

30代半ばにして穏便な日々を切望している自分を、大野は少しだけ情けなく思った。

「少なくとも私が経営を引き継いでからの10年は、彼らにとって不穏な時代、我慢に我慢を重ねた時代だ。だから急に新しいことをしろと言っても、柔軟にはなれないように思う。組織を変革するにはしがらみが多すぎる」

「では、若い世代はどうですか？ 確か20代の子もいるはずです」

「もちろん組織変革室には若い力が必要だと考えているが、だからといってトップに立つには若すぎるだろう。一定の社歴を持ち、社員同士や部署間の力関係など、言ってみれば裏の組織図に詳しい人材が適任だと私は思う」

「はあ」

「それに大野君はお父さんが北電機の元社員だ。北電機の一番良い時代を知るお父さんから教わったことは多いだろう。そうした昔の話をできる社員は、リストラでだいぶ少なくなってしまった。そう考えると、北電機の良かった時代を知りながら、若い感性も持ち合わせている大野君が、一番の適任者だと思う」

「そ、そんなことは」

「会社の中で新しいプロジェクトを立ち上げるのは経営企画部だというのも、思い込みではないだろうか。組織変革は、働き方を見直すことにも直結している。社員の働き方改革は人事部だって他人事ではないはずだと思うけれど、どうだろう？」

「それはごもっともだと思いますが」

反論しようにも材料がない。気の利いた言い訳がまったく思い浮かばない。大野はソファの上で縮こまっていた。

「大野君、お願いできないかね。人事部長も大野君が良ければ、すぐに組織変革室を立ち上げようと言っているのだが」

「社長にお声をかけて頂いたのは嬉しいのですが、すぐには決心がつきません」

「じゃあ今日は木曜日だから、週末にゆっくり考えて、月曜日に返事をくれないか。私には大野君に任せるという以外の選択肢はないのだけれどね」

「そ、そんな……」

「やりたくないと言っている人が旗を振っても、プロジェクトは成功しないだろう」

「分かりました。来週月曜にお返事します」

「私の指示ではなく、大野君らしい発想で取り組んでほしい。社長の言うことを聞くだけでは、今までと何も変わらない。判断は大野君に一任するから、自由にやってくれて構わない」

——自分に一任って、それは丸投げってことじゃないのか？

大野は今にも飛び出しそうな言葉をぐっと飲みこんで、踵を返した。

社長室の扉を開けて一礼すると、北里社長の顔が見えた。大野をまっすぐに見つめていた。社長の眼差しが怖くなった大野は、急いで扉を閉めた。それから定時までの数時間は、仕事がまったく手につかなかった。


キッチンでは、妻の明日香が手早く夕飯の準備をしている。

「ちょっと、今日は健ちゃんの好きなハンバーグだよ。そんな暗い顔してどうしたのよ」

明日香の元気な声がキッチンから聞こえてくる。対面キッチンの脇に置かれたダイニングテーブルでは、美香が「ごはん、ごはん」と歌いながら食事を催促している。大野は美香の隣に座って、とりあえず食器などを並べたりしていたが、明らかにぼーっとしていたのが目についたのだろう。

「うーん、そうねぇ」

大野はあいまいな返事をして、明日香にばれないようにため息をついた。

「ちょっと、料理できたのから運んでってよ」

キッチンには拳骨ほどもあるハンバーグや、大ぶりに切られた野菜サラダが並んでいた。明日香は盛りつけなどにはあまりこだわらないタイプで、写真映えするようなおしゃれな料理を作るのは苦手だ。美香が幼稚園に入ったばかりのころは、美香の好きなキャラクターのキャラ弁が作れずに悩んでいたこともあったが、味はとてもいいのだから気にする必要はないと大野は諭した。食いしん坊で、何でも美味しそうに食べるところを、大野は結婚する前から好ましく思っていた。

美香の幼稚園での話や明日香の職場での話を聞いている間に、食事の時間は過ぎてしまった。逃げ回る美香をなんとか捕まえてお風呂に入れ、湯上りの美香がテレビに夢中になっている間に、大野は今日の出来事を明日香にかいつまんで話した。

「そうなんだ」

「そうなんだって、ずいぶんと軽い言い方だなあ」

「いや、だって健ちゃんが新しいプロジェクトを任されるなんてね」

「まだ決まってないってば」

「でも、面白そうじゃん」

「面白いなんて思えないよ。こういうのはさ、絶対に社内で揉めるんだよ」

明日香は食器を洗う手を止めて、少し考える風に小首をかしげた。

「現状維持がベストだと思っている社員はどの会社にもいるよ。でも、みんなが不満に思っていることがあるなら、解決したほうが良いんじゃない？」

「そりゃそうだけどさ、何も僕が旗振り役にならなくっても」

「社長さんは健ちゃんに旗振り役になってほしいわけでしょ？　たくさんいる社員の中から健ちゃんに白羽の矢が立ったってことだよ。私だったら、俄然やる気でちゃうけどな」

「でもさぁ、僕が新プロジェクトの立ち上げに関わったりしたら、美香のお迎えだって、あまりできなくなるかもしれないよ？」

「そうなった時は、そうなった時じゃない？」

「僕がお迎えできなくなって、明日香も早く帰らないといけない日が増えたら、困るんじゃない？」

「そうなったらお義父さんにお迎えを頼むよ。お義父さん退職したばかりで暇だって言っていたし、美香はお義父さん大好きだから私も安心して任せられるし。せっかく近所に住んでいるんだからさ。お義母さんが亡くなってお義父さん一人だし、外出の機会が増えた方がいいかもよ」

「またそうやって簡単そうに言うけど、そんなに簡単な話じゃないんだってば。明日香は親父と仲がいいけれど、普通の奥さんはそういうの躊躇するって言うよ？」

明日香は大きな声で笑いだした。

「健ちゃん、普通の奥さんって、どこの奥さんの話をしているの？　そんな風に言ったら私が変な奥さんみたいじゃん」

「いや、僕は一般論を言っただけだよ」

大野は少し気まずさを感じ、テーブルの端に置いてある新聞に目をやった。〝働き方改革やりがいどこへ〟という見出しが飛び込んでくる。視線を戻すと、いつの間にか明日香が向かいに座っていた。

「健ちゃん、健ちゃんはまだ何もしていないよ。何もしてないのに無理だって決めつけちゃダメだよ」

「そりゃそうかもしれないけどさ」

「そうだ、土曜日にお義父さんのところに行こうよ。それでお義父さんに相談してみればいいじゃん」

「えー、親父と仕事の話するの好きじゃないんだよな」

「まだ気にしてるの？　健ちゃんが技術者の道に進まなかったこと、お義父さんは何とも思ってないと思うよ」

「僕が気にしてるんだよ。だって親父は優秀な技術者だったのに、僕は何のとりえも無い文系サラリーマンなんだから」

「健ちゃんには良い所いっぱいあるよ。優しい所とか、よく気が付く所とか」

「仕事ではそんなの役に立たないよ。たいした才能もないのに、親父のコネみたいな感じで入社してさ、たいした実績も挙げずにのうのうと働いてるんだから、親父もがっかりしてると思うよ」

「ちょっと健ちゃん、そんなに自分を悪く言っちゃだめだよ。急に大きいチャンスが降ってきて、ちょっと動揺してるだけ。とりあえず、お義父さんに話してみよ？　あ、美香と一緒に遊園地に行こうか」

「土曜日は寒くなるらしいよ」

「もう決まり。そうしよう。お義父さんに連絡してみる」

大野の返事を待たずに、明日香はスマートフォンを手にした。明日香はとにかく何でも決断が早い。全然迷わない。大野は明日香の行動力に振り回されてばかりだが、控え目な性格の大野にはちょうどいいのだろう。あっけらかんとした明日香の笑顔に、何度も救われてきた。

明日香のスマートフォンがブーンと震えている。明日香が見せてくれた画面では、白い猫のキャラクターが笑顔で「GOOD」を繰り返していた。

土曜の遊園地は家族連れでいっぱいだった。久しぶりの遊園地に美香のテンションは最高潮で、あっちでぴょんぴょん、こっちでぴょんぴょんとはしゃいでいる。

「じーじ、しゃしんとって！」

「いいぞ美香ちゃん。美香ちゃんはかわいいなぁ」

大野の父である守は、美香が生まれた直後に小型のミラーレスカメラを購入した。それまではプロカメラマンが使うような大型の一眼レフを持っていたが、美香を撮るには軽くて持ち運びやすい方がいいということで、あっさりネットオークションで売ってしまった。

以来、守は出かけるたびにカメラを持参し、美香の写真を撮っている。守が写真を撮るたびに美香はカメラのモニターをチェックして、自分の映り具合を確認している。その神妙な顔が何とも可笑しい。美香の明るさに癒されながらも、大野の頭の中は、組織変革室のことでいっぱいだった。組織変革室の立ち上げを命じられた翌日に、人事部長の藤野に話をしてみた。藤野部長は「北里社長から話は聞いている」と言ったけれど、北里社長の真意を理解しているようには感じられなかった。

「北里社長は若い力に期待されている。いいチャンスだと思うがね」

部長だって、自分が任される立場なら、絶対にチャンスだなんて思えないだろう。大野は珍しく心の中で毒づいた。

「健ちゃん、美香と観覧車乗ってくるね」

明日香は美香の手を引いて、観覧車のほうに歩いていった。大野はそばにあったベンチに座った。1月にしては暖かい日だった。外に置かれたベンチには日差しが注ぎ、座っているのが苦痛になるほど寒くはない。

「美香ちゃん、また大きくなったな」

大野に話しかけているのか、独り言なのか。守は呑気に声をあげながら、隣に腰掛けた。

「明日香ちゃんから、聞いているぞ」

「え、どこまで聞いたの？」

「いや、詳しくは聞いていないけれど、お前がちょっと悩んでいるって書いてあった」

「まあね。これはさ、親父にも関係あるといえば関係があるし、ないといえばないような話なんだよ」

「お前の言っていることはさっぱりわからない」

「さっぱりわからないのはこっちだよ。北里社長の話も急すぎるんだよね」

そう前置きしてから、大野は2日前の出来事を話した。カメラを手に、守はじっと話を聞いている。

「北里社長が、そんなことを言ったのか」

「そうなんだよ。だから親父にもまったく関係ない話じゃないんだ。親父が北電機の社員でなかったら、僕に白羽の矢は立たなかっただろうから」

「申し訳ないのか、良かったのか。父さんには何とも言えないな」

「だから今、本当に複雑なんだよね。気持ちの整理がつかないんだよ」

「うむ・・・・」

静かに唸るような声を発してから、守は黙ってしまった。北里社長の話を伝えきった大野は、少しだけ冷静さを取り戻し、しばらく黙っていることにした。遠くにいる子どもたちがはしゃいでいる声が、北風に乗って微かに聞こえてくる。

「なあ健太、北里社長が社長に就任して最初にやった仕事は何だと思う？」

「何だろう、事業の見直しかな」

「違う、リストラだ」

「思い出した。確か100名くらいの早期退職者を募ったよね」

「そう、早期退職者といえば聞こえはいいけれど、要はリストラだ。経営者にとって一番辛い仕事だよ」

「そうだね」

「北電機はこのまま沈んでしまうと判断して転職していった社員もいたし、北電機のためにと定年を待たずに退いてくれた社員もいた。でも、当時の社内の雰囲気は本当に悪かった。リストラというのは、この会社はいざとなれば人を切る会社なのだという印象を社員に与えることだからな」

「創業当初の社訓には『社員は家族』って記されていたけれど、家族なのにリストラされるんだって思ったら、会社に対する信頼は失われるだろうな」

「父さんは清会長と共にずっと開発に携わってきて、技術者としてのチャレンジ精神を満たしてもらえる、いい仕事をたくさんさせてもらった。何日も会社に泊まり込んで仕事をしたり、休日を返上したりしたこともあったが、父さんは本当に楽しかった」

「そんなに楽しく働けて凄いよな。今の会社を楽しいと思っている人、どれくらいいるんだろう？」

「健太は仕事、面白くないのか？」

美香が乗る観覧車の方に向けられた守の目は穏やかなままだった。けれども、声にはいくぶん重みがこもっていた。

「まあねえ、それでも言われたことをちゃんとやっていれば定時で帰れるし。そういえば昔は親父がなかなか帰って来ないって、母さんはよく怒っていたよ」

「そうだったな。ただ北電機の立て直しには、今で言う働き方改革の推進も必要で、北里社長の新体制になってからは、残業も思うようにできなくなった。会社が残業代を支払いたくないがための働き方改革。そう受け止めた社員の士気はどんどん落ちていった」

「じゃあ親父も、北里社長を恨んだの？　親父はリストラされなかったじゃないか」

「いや、本当は早期退職で退職しようかと考えた」

「そうだったの？」

「退職するまでの8年間は、ほとんど開発らしい開発はできなかったよ。こんな下請け仕事をする会社ではないと悔しい思いをすることもあった。ただ優れた技術者がどんどん辞めていくのを見て、もしも北電機が再び開発に力を入れるときが来たとしても、これでは戦えないと思ったんだ。北電機が武器としていた独創的な開発は、圧倒的な技術力によって支えられていたからな。もちろん清会長たちの、凡人離れした発想力もすごかったけれど、発想を現実に変えるには、やはり技術力なんだ。だから父さんは、残って北電機がもう一度復活する日を待つことに決めた」

「そうだったんだ」

「父さんは定年退職してしまったけれど、そのときが今来たってことなんだ。北里社長の決意は並々ならぬものだと思う。そしてその変革の舵取りを、健太が任されたなんて、父さんにとってはこれ以上嬉しいことはないよ」

「でも正直に言えば自信ないんだ。だって、北電機にとってもの凄く重要なことだってことは僕でも分かる。成功するかどうかはさておき、北里社長は本気だと思う。それが伝わってくるから怖いんだ。僕が舵取りをして、失敗したらどうしよう。いや、成功するわけないだろうって思っている。仮に僕が技術者だったら、自分で画期的な新製品を開発して社内を鼓舞することもできるんだろうけど、残念ながら僕には何のとりえも無い」

一瞬、冷たい風が吹き、二人の足元の落ち葉をカサカサと追いやった。ダウンジャケットのポケットに両手を突っ込んで、大野はため息をついた。

「北里社長は、全部僕に任せるって言われた。何の指示もない。ただ組織変革室を立ち上げるから、会社を変革するために自由にやってくれとしか言われていない。そりゃ無責任じゃないかって思った。丸投げだよ」

「父さんはそうは思わない。北里社長はそんな人じゃない」

「そうかな」

「北里社長は、社員である健太が何をしても、どんな結果になっても、全部自分が責任を取るつもりじゃないかな。そういう意味での『自由にやれ』だと思う。よく考えてごらん。健太がもしこのプロジェクトで失敗したとしても、また人事部に戻れるだろう。でも北里社長は違う。もしこのプロジェクトが失敗して、今以上に北電機が悪い方向に傾いたら、社長を辞することも覚悟されていると思う」

「じゃあ北里社長が指示を出して、失敗しないように進めていけばいいじゃないか」

「健太、そうじゃない。この10年間、北電機は耐え忍んできた。リストラもしたし、外部からは『北電機は地に落ちた』と言われるくらい、どんな仕事でもやってきた。そうした期間が長かったから、社員は良く言えば北里社長に従順、悪く言えば無気力で、無駄なことには手を出さない、自ら動かない人ばかりになってしまった」

「そうかもしれない」

「だから北里社長の指示で何かを始めても、結局は同じなんだ。今までと何も変わらない。それじゃあ組織変革とは言えないんだ」

「だからって、僕の言うことで動くとも思わないけれど」

「健太は勘違いしていないか？　健太が一人で動かしていくんじゃない。みんなで動かしていくんだ。そのみんなで動かしていくためのルールとか場作りを、健太がやるだけだ。自分だけで会社全体を動かすなんて傲慢だよ」

「そんな言い方しなくてもいいじゃないか」

「気に障ったかもしれない。けれど、仕事とは一人の力で完結するものじゃないだろう。みんなで新しい北電機を作るんだ。そのために健太が持つ力を発揮してくれるなら、父さんは嬉しいが」

「僕は平凡な人間だよ、何の力も持っていない」

「そうだろうか。健太は人の気持ちを大切にできる優しい人間だと思うよ」

「何だよそれ。今まで一度だってそんなこと言ってくれたことないのに」

「そうだったかな」

観覧車に乗った明日香と美香が帰ってきた。美香が手を振りながら、こっちに向かって歩いてくる。北電機が倒産したら、美香の将来にだって影響が出るかもしれないと、嫌な思いがよぎった。

「寒くなってきたから、あったかいものでも飲みに行こうよ。お義父さんも身体が冷えたでしょう」

「そうだな、明日香ちゃん」

そう言って、守は立ち上がった。立ち上がれないでいる大野を美香が引っ張った。

「パパ、アイス食べたい」

「アイス？ 今日は寒いからやめておこうよ」

「だいじょうぶだよ」

やれやれといった顔で立ち上がった大野は、美香に引っ張られるようにして、遊園地の中にあるフードコートに向かっていった。

解説

組織変革の立ち上げ

北電機の挑戦は、主人公である大野への内示から始まりました。企業の組織変革につながる大きなプロジェクトがどのように立ち上がるかは、その組織個々の事情によって異なります。ですが、往々にしてきっかけは課題意識を持った数人のメンバーから生まれるものです。北電機ではトップが課題意識を持っていました。大規模な組織変革を行っていく場合、まずトップのコミットメントが何よりも重要になります。

そして次に、トップの意思を酌み、志を同じくする現場のリーダーをアサインする必要があります。

よくこの段階で頂く質問に、「現場のリーダーはどこの部署が担当するのがふさわしいか？」というものがあります。

結論から言えば、これも企業それぞれの事情があるので、一概にどことは言えません。俯瞰的に全体を見て、企業のビジョンや戦略と合わせて組織風土を変えていこうと思えば、経営企画部門が担当することがふさわしくなります。また、具体的な打ち手が研修や行動理念の策定など、人材部門の管轄に近いものがあるため、人事・人材系というのも有効です。さらに、組織風土変革は社内コミュニケーションの巧拙がその成否を握ることも多く、その意味合いでは広報部門が担当することも考えられるでしょう。

これは組織風土変革の目的や自社の特徴を踏まえて決定していくことになりますが、いずれの場合でも必ず満たしておきたい条件があります。

一つは、専任の担当者を置くこと。特にリーダーは専任としたいところです。これは、トップがこの変革にどこまで本気で取り組もうとしているかという最初の意思表示になります。また組織変革は、本当にやり抜くことが難しい業務です。これが本書で一番伝えたいことの一つともなりますが、途中、さまざまな形で〝横やり〟が入ることになります。そんな時にモチベーションを保つためにも、専任という形で雑音をできる限りシャットアウトしてあげることが有効です。主人公の大野は兼任になっていますが、どうなるでしょうか。

そして、その専任者を中心に、業務横断的なタスクフォースを組むこと。これが二つ目のポイントとなります。「一部の人が勝手に何かやっているみたいだけど」と思われた瞬間に、組織風土変革の取り組みは困難なものとなります。タスクフォースの中で、全社のキーマンたちとコミュニケーションを取れる小さな会社の縮図を作っておくことが、全社活動である組織風土変革において重要になってきます。

KEY LINES

「やりたくないと言っている人が旗を振っても、プロジェクトは成功しないだろう」

専任のプロジェクトリーダーに最も求められる素質は、自発的に会社を変えていこうというモチベーションである。もちろん、社内に顔が広いこと、全社的な視点があること、フットワークが軽いことなども求められる。

プロジェクトとして変革を進めた後も、インターナルブランディングとしての組織変革を成功させるには、継続して「社内文化のレベル」まで浸透を進めることが重要になるが、そういった一つのことを改善しながら続けられる素養や、長期を見据えた計画を立てられる能力も必要である。

さらに、物怖じや忖度をせずに経営陣と向き合えることも、大切になってくる。

というと、何かものすごいジェネラリストを求められているように聞こえるかもしれない。しかし、何より変革の過程では相当強い意志の力が求められるので、まずは「会社を変えたい」と本気で思っている人、もしくはそうなり得る人を探すことがポイントであり、その他の要素はチームビルディングの中で補っていくことができる。

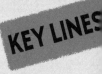

【組織変革体制チェックリスト】

リーダー人材	モチベーション	現状を変えなければならないという危機感、もしくは自分で会社を良くしたいというオーナーシップを持っているか？	✓
	集中できる環境	組織変革活動に対して社内から邪魔が入らないよう、専任で取り組めるか？もしくは兼任先の十分な理解を得られるか？	✓
	柔軟性	自分の考えに縛られすぎず、社内の反応を見ながら、柔軟に活動を改善していけるか？	✓
	粘り強さ	成果が出ない時や、社内からの反対にあったときも、組織変革の価値を信じて、諦めずに歩を進められるか？	✓
チーム全体	代表性	様々な部門から人が集まっており、決定事項に対して全社の納得が得られるか？一部の部署が勝手にやっているように見えないか？	✓
	巻き込み力	組織変革を進めるために必要なキーマンが誰かわかっているか？必要なタイミングでキーマンを巻き込めるか？	✓
	フットワークの軽さ	決めたことをスムーズに実行に移せるか？意思決定に時間がかかる重い組織になっていないか？	✓
プロジェクトオーナー（トップ）	危機感	組織を変革しなければ、会社を良くすることはできないという、強い危機感を持っているか？	✓
	コミットメント	組織変革の必要性を十分に理解し、担当者への協力を惜しまないか？	✓
	長期視点	組織変革に対して、短期間での成果を過剰に求めず、じっくり時間をかけて取り組む覚悟を持っているか？	✓

INTERNAL BRANDING

第2章

死にかけた組織

大野が北里社長に「やります」と返事をしたのが月曜日で、火曜日にはイントラネットの社内掲示板に「組織変革室に参画したい社員募集」という題の投稿が社長名で掲載されていた。締め切りは金曜日とあった。こんなに急いでは集まるものも集まらない、たった一人で組織変革室を立ち上げることになるだろう、と大野は覚悟した。

ところが、金曜日になって北里社長から送られてきたメールには、組織変革室に社員を一人配属すると書かれてあった。名前は相武美穂といって、広報部に所属する7年目の女性社員だ。入社以来ずっと広報部一筋だという相武とは、これまで一度も一緒に仕事をしたことがない。何となく顔は知っているけれど、ちゃんと話したことはなかった。大野は相武のメールアドレスを検索してとりあえずメールを送り、初回ミーティングの日程を決めた。

組織変革室は北里社長の指令で緊急に立ち上げられたため、他部署の机が並ぶフロアに座席を用意する時間がなかった。その代わりに6畳くらいの小ぶりな会議室が組織変革室の部屋として割り当てられた。折り畳み式の長テーブルがひとつ、ノートパソコンが2つ、隅にカラーボックスがひっそりと置かれているだけの寂しい部屋だった。お世辞にも期待されているとは思えない環境だ。始まったばかりなのに明るい気持ちになれず、大野は深くため息をついた。

そこに相武が入ってきた。

「お疲れさまです。というより、はじめましてって感じですね」

相武はそう言って笑みを浮かべた。きれいな女性だと思った。身長は165センチくらいあるだろうか。細身のスーツをかっちり着こなしており、肩まであるストレートの黒髪は、相武がこちらへ歩を進めるたびにさらさらと揺れた。寂しい会議室が一瞬ぱっと明るくなったような気がして、大野は少し戸惑った。

「はじめまして、大野です。えーと、とりあえず座りましょうか。座席はどこがいいですか？　といっても2つしかないけれど」

組織変革室の室長は自分なのだ。しっかりしなければ。

「大野さんが室長に指名されたのって、何故なんでしょうね？」

相武は開口一番、鋭く突っ込んできた。

「だって大野さんは人事部でしょ？　こういうのは経営企画部とか、中堅のエース社員みたいな人がやるものだと思っていました」

「それは僕も北里社長に言いました」

「でも大野さんが北里社長の申し出を受けたってことは、あれですか、出世が約束されているとか？」

「こんな狭い会議室を与えられて、期待されていると思えます？」

「いや、全然思えない。むしろ期待値ゼロですね」

そう言って、相武はクスクスと可笑しそうに笑った。

「相武さんこそ、なんで組織変革室に配属になったんですか？　希望を出したってことはないですよね。相武さんは入社以来ずっと広報部で活躍されてきたみたいだし」

「私は上司の命令です」

「やっぱり、自分で応募したわけじゃないんですね」

「当たり前ですよ。仮に組織変革室に異動したいと思っても、あんなに短期間で決断できませんよ。社長から全社メールが届いてから決断するまで、私たちに与えられた時間って丸３日でしょ。たった３日で、この先どうなるかわからない部署に行こうと決断できる人なんて、うちにはいませんよ」

「そりゃそうですよねぇ」

「だから私、組織変革室のメンバーとして北里社長にお会いしたら、最初に言ってやろうと思うんです。丸３日で決断できるわけないでしょって。だって、そういうことを臆せず言える風通しの良い組織っていうやつを、北里社長は目指していらっしゃるんでしょう？」

「まあまあ、そんな最初から波風立てなくても」

相武はズケズケと物を言うが、言っていることは間違っていない。大野は彼女の度胸の良さを羨ましく思った。同時に、少し苦手なタイプだとも思った。

「相武さんの言うように、僕も組織変革室長なんて大それた役割を任されたけど、正直よく分からないんですよ。僕は人事部の課長補佐として、北里社長の印象に残るような仕事なんかしてないし、優秀な社員は他にもいると思うんですよね」

「人事部の大野さんって聞いても、ぱっと顔が浮かばなかったですから」

「まあ、ずっと目立たないところで地味にやっていたからね。ほんと、僕が任命された意味が全然分からない」

「いわゆる姥捨て山ってやつじゃないですか？」

「え、それはちょっとショックだなあ」

一瞬、ドキリとした心中を見せまいと、大野は営業時代に覚えた愛想笑いを浮かべた。

「だって私がそうですから」

「どういうこと？」

「私は入社以来ずっと広報部で、広報の仕事が好きだから異動願なんて出したこともありません。ジョブローテーションの話もごねまくって断りました。でもなぜか、今回組織変革室に異動を命じられました。それってね、私が邪魔だったからだって思うんです」

「誰にとって邪魔なんですか？」

「部長も課長もみんなですよ。入社したばかりの時に仕事のことで上司に意見したら、顔真っ赤にして怒られたんです。『君にはまだ仕事のイロハはわからない』とか言って。でもこうしたほうがいいなとか、こんなこともできるなっていうアイデアは、社歴に関係ないと思うんですよね」

「そりゃそうですけど」

「だから気にせずに言い続けていたら、なんて言ったらいいのかな、広報部で浮いちゃったんですよね、私」

「そうだったんだ」

「だから私を組織変革室に飛ばして、部長たちはせいせいしていると思うんです。おそらく若いのに自分の意見を持っているとか、適当な理由をつけて推薦したんでしょう。私が意見するたびに、面倒くさいって顔してスルーしてたのに」

「凄い不満がたまっていたんだね」

「いや、あくまで客観的に事実を述べているだけなんで」


どちらかと言えば大人しい社員が多い北電機において、これだけ臆せずに物を言ってしまう社員は珍しい。相武は厄介払いで都合よく異動させられたと思っているようだが、それもあながち間違っていないだろう。本人はケロッとしているけれど、大野にはそんな図太い神経はなかった。

今までは身の丈に合わない役目を任されたと思っていたけれど、もしかしたら自分は、人事部の中で絶対に必要な社員であると思われていなかっただけなのかもしれない。美香のお迎えで毎日のように定時で退社していることを、本当は上司も周囲も良く思っていなかったのかもしれない。「イクメンですね」というのは軽い嫌味だったのかもしれない。そう考えると大野は急に胃がキリキリと痛み出してきた。

「あれ、大野さんなんか傷ついてます？」

この子のメンタルは鋼だなと思いながら、大野は相武の顔を見た。とりあえず、気持ちで負けないためにも、だいぶ年下の相武に対して敬語を使うのはやめようと決意した。

「傷ついたというか何というか。相武さんと話してやっと、組織変革室の置かれた危うい立場を理解したところだよ」

「そうですか」

ただ落ち込んでばかりもいられない。組織変革室は、建前上は北里社長の肝いりプロジェクトということになっていて、大野と相武が顔を合わせた今日が発足日となるが、その発足日から2カ月後に組織変革室の方針をまとめて北里社長に報告する必要があった。

さらに1年後には、活動の成果をまとめて発表することになっていた。1年後に思うような成果を挙げられていない場合については、大野はあえて聞かなかった。

メールに記された北里社長の言葉に、大野はもう一度目を通してみた。

＝＝＝

北電機は新しく生まれ変わります。

そのために組織変革室を立ち上げることになりました。

みなさんの意見を吸い上げ、風通しの良い組織へと進化していきます。

＝＝＝

「風通しの良い組織とか、意見の吸い上げとか、企業がよく使う言葉ですよね。使い古された感じがして、私なんかは逆に白けちゃう。本当に風通しの良い企業なんてあるのかな？ 北電機は創業して50年以上経つし、エレクトロニクスメーカーとしては中堅どころですよね。今まで築いてきたものがあるから、いきなり社風をフラットにと言われても、現場の社員は戸惑うだけでしょうね」

「たしかに、当事者である僕たちがどうすればいいのか混乱しているわけだし、うちの社員って子会社も含めたら1000名近くいるよね。組織変革室で何かしますって言って、それを隅々まで浸透させるのって、かなりハードルが高いことだと思う」

「そうですよね。でも私、このメールの文面を見ると、北里社長ご自身も何をしたらいいのか、明確なイメージがないんじゃないかなって思うんです」

「それは僕も会ったときに少し感じたんだ。変わらなきゃいけないっていう危機感はあると思う。けれど、どうやって変えていけばいいのか分からないのは、北里社長も同じかもしれないね」

「例えば、ＩＴ系のベンチャー企業って組織の風通しが良さそうなイメージがありますけど、うちのようなメーカーとＩＴ企業では、組織の在り方とか働き方とか、全然違うと思うんです。私たちは製品を製造するのに工場を構えているから、いくら機械を導入したって最低限の人を配置しておかないと、仕事が進みません。でもＩＴ企業の人たちは、会社に来なくてもパソコンがあればどこでも仕事ができるし、海外にいたって作業が進められます。業種によって働き方も違うから、他社のやり方をそのまま真似ても意味がないというか」

「なるほどね。僕はもともと営業部にいて人事部に異動したけれど、営業部と人事部でも働き方は違うもんな。営業部のときは外出や出張ばっかりだったけど、人事部に配属されてからは出張なんてほとんどない。あっても子会社とか仲間内へ行くくらい。クライアントと会うための出張とは意味合いが違うよね」

「ということはですよ、北電機にとっての組織変革とは何かってことから、まず私たちが理解しないといけませんよね」

上司とやり合うくらいだから気が強いのは間違いないが、相武はロジカルに物事を考える力が高い。そして裏表がなくてさっぱりしている。

「なんか相武さんって、僕の奥さんに似ているんだよね。さっぱりしていて、意志が強い。

とにかく気が強いんだけど……」

「気が強いって余計じゃないですか？」

「ごめん。悪気があって言ったわけじゃないんだ。でも僕は上司に面と向かって意見を言うことも苦手だし、いろいろ考えてすぐに決められないタイプだから、バランスがいいなって」

「まあ誉め言葉として受け取っておきます」

「そうしてくれるとありがたいです」

それから大野と相武は1時間ほど話し合い、そもそも組織変革とは何なのか、何のために行うのか、各自情報収集しながら考えをまとめ、1週間後に意見交換を行うことを約束して解散した。

組織変革室の仕事を行うといっても、二人はそれぞれ所属する部署の仕事から完全に離れるわけではない。抱えている仕事量を減らすよう部署側が配慮してくれるが、組織変革室が上手く機能せず、解散となればまたそれぞれの部署に戻ることになるから、籍はそのまま残しているのだ。この1週間のうちに、元の部署で引き継ぎなども行わなければいけない。何も決まっていないが、だからといって立ち止まっている余裕はなかった。

北電機らしい組織変革――。
大野は何度も呟いてみたが、ぱっと思い浮かぶ言葉は見当たらなかった。大野自身、思い返せば、ここまで長く深く北電機について考えたことがなかったことに気付いた。

北電機に興味を持ったのは、やはり父の守の影響が大きかったと思う。守は手先の器用な人で、大野が子どもの頃はよく自作のおもちゃを作ってくれた。小型のモーターをくりつけた発泡スチロール製の車を作ったり、磁石を使って発電機を作ったりと、ものづくりの楽しさを教えてくれた。

あまり手先が器用ではなかった大野は、自分は技術者にはなれないと思っていた。それでも守のような技術者をサポートして、世の中の役に立つ技術を広める役割を担いたいと考え、北電機で営業職に就いたのだった。

働く守の姿は、そのまま北電機のイメージと重なった。だから北電機についてじっくり考える機会がなかったのだ。しかし改めて考えてみると、「これが北電機です」と言い切れるような、明確なものがないということに気付いた。

企業理念やミッションという形で、言葉として北電機の方向性を示しているものはあるけれど、どこかあいまいで、リアリティを持って響いてはこない。企業理念としては創業時から「点滴穿石（てんてきせんせき）」という言葉があり、額に入った書が社長室に飾ってあるのを見たことがある。一滴一滴の小さな水滴でも長い年月を経ると固い石に穴を開けることが出来るということから、小さな努力の積み重ねによって大きな事業が成されることを表すらしい。ものづくりメーカーとしてはふさわしい言葉だし、実際に北電機は小さくともユニークなヒット製品の積み重ねによってここまで会社を成長させてきた。だが、努力の積み重ねが大切なのはどこの会社も同じだし、かつての北電機の強みだったユニークさやチャレンジ精神は表現できていないように感じた。何故なのだろうと考えてみるが、理由は分からなかった。

そこで大野は、何人かの社員に話を聞いてみることにした。他の社員は北電機に対してどう考えているのだろうか。そう思ったとき、同期の橋本亮の顔がぱっと浮かんだ。

開発部に所属している橋本は、北電機のものづくりに憧れて入社した技術者だ。橋本は控えめな性格で、普段は大人しく口数も少ないのだが、飲みに行くと饒舌になり、ものづくりの楽しさを熱っぽく語る。10名ほどいた同期の中で一番気が合ったのが橋本だった。メールを送るとすぐに返事が来た。美香のお迎え当番ではない日を選び、昔二人でよく飲みにいったチェーン系の居酒屋で落ち合うことにした。


橋本と飲みに行くのは何年ぶりだろうか。美香が生まれるまでは、二人でよく飲み歩いたものだった。大野よりも5分ほど遅れて店に入ってきた橋本に、大野は「久しぶりだな」と声をかけた。橋本は「おう」と軽く頷いた。

「大野、社内メール見たよ。お前、組織変革室の室長になったんだってな」

「そうなんだよ。そのことでさ、橋本に話を聞いてもらいたいなって思って。急に呼び出してごめんな」

橋本は大野に尋ねもせずビール2つと焼き鳥の盛り合わせとポテトサラダを注文した。二人がよく飲み歩いていた頃の定番メニューだ。大野は近ごろ酒に弱くなってきたということもあり、ウーロン茶を頼むつもりでいたが、今日は昔を思い出して飲もうと思い直した。

「俺にしてみれば、今更じゃないかなって感じがするけど」

「橋本はそう思うんだ？」

「うん、大野は面倒な案件を任されちゃったなって思ったよ」

「どうして？」

「だってさ、俺の所属する開発部なんか、この10年くらい新製品の開発なんてゼロに近いわけよ。特に北里社長に代替わりした時、北電機は最悪の状態だっただろう？ 立て直しが急務だったとはいえ、開発をしない開発部なんて、開発部とは呼べないよな」

「既存製品の生産と、新規案件といってもOEMばっかりだったからな」

「OEMなんて俺のやりたい開発じゃないよ。仕様は決まっているわけだし、開発部に強いられることは徹底したコストカットだけ。製品に対する創意工夫なんて、誰にも求められていないんだから」

大野は橋本の話を聞きながら、橋本はこんなふうに刺々しく話すタイプだっただろうかと気になった。頭のいい奴だから言うことは常に的確で、大野は論破されることも多々あったけれど、根は優しい人間だ。それに、そもそも橋本は北電機に対する愛着が強かったはずだ。

「最近は仕事面白くないのか？」

「まあな」

「ごめん、愚問だったな」

「そりゃ面白くないに決まってるよ。俺は世の中をあっと言わせるような製品を作りたいと思って北電機に入社したはずなのにさ」

「それは何度も聞いてきたよ」

「大野の親父さんの世代なんか、凄かっただろ。親父さんたちは、ニッチで尖った製品をたくさん生み出していた。他社と比較したら、企業規模は大きくないけれど、技術力とアイデアでは絶対に負けないって感じがあったよ。あの頃の北電機には、確実に北電機イズムみたいなものがあった」

それまで気だるそうだった橋本の声が、少し力強くなった。

「北電機イズムかぁ」

「俺が北電機に就職が決まったとき、大学の同期なんか、北電機なら面白いことができはずだって羨ましがってたもんだよ」

「そうだな、僕たちが入社したのは２００６年だろ。きっとあの時、もう北電機の内情は大変なことになってたんだよな。親父は何も言わなかったよ。だけど、リーマンショックのせいだけじゃなくて、もっと前から会社のバランスが崩れていたんだな、きっと」

「そうだよ、学生だった俺たちは、面接を受ける程度ではそこまで見抜けなかったんだ」

「時代や社会情勢だけが悪いとは思わないけれど、僕たちが入社したタイミングが良くなかったのかもしれないね」

橋本はジョッキを手にしたまま黙ってしまった。美香が生まれてから子育てに夢中になり、橋本と疎遠になってしまったことで、橋本のモヤモヤとした気持ちに全く気付くことができなかった。それが少し悔しかった。

「だからさ、大野には悪いけど、組織変革室を立ち上げても無駄だと思う。今更になって何がしたいんだって言いたいよ」

「だから、その何をするのかを考えていこうとしているんだよ」

「今になって考えても遅いんじゃないか？　俺はもういいよ。転職するのも面倒だし、それでも給料は毎月ちゃんと支払われているから」

「僕だって、今まで何をやっていたんだって思いはあるんだよ」

「室長のお前がそう思っているんだったら、土台無理な話だろう」

大野は何も言い返せなくなってしまった。

心のどこかで、橋本は自分の味方になってくれると思い込んでいた。組織変革室にとって重要なヒントを与えてくれるはずだと思っていた。でも橋本の言動には昔の情熱は垣間見えず、代わりに諦念だけが伝わってきた。

その後、何を話したらいいのかわからなくなった大野は、スマートフォンに溜めこんだ美香の写真を見せて、愛娘の自慢話でその場をしのいだ。

橋本と話した次の日、それほど酒を飲んだわけではなかったが、大野の頭は重たかった。同期として信頼する橋本に、「組織変革室には未来がない」と烙印を押されたような気分だった。自分は大変なことに巻き込まれてしまったという焦りが脳内に充満し、朝から暗い気持ちだった。人事部の引き継ぎ資料を作成しようとしても全く集中できない。ひと息つこうと思い、喫煙所の隣にある休憩スペースに飲みものを買いに向かった。

大野はカップの式自動販売機に向かい、ホットドリンクのボタンを押した。こういう時に選ぶのは決まってロイヤルミルクティーの砂糖多めだ。ランプが点灯するのをボーっと見ていた大野に「お疲れ様です」と声をかける者があった。声のほうを向くと大島拓也が立っていた。

「あ、お疲れ」と大野も慌てて返事をした。

大島は北電機でとても目立つ存在だ。26歳にして営業部ではトップクラスの成績を挙げていた。人懐っこい性格で、頭の回転も速いので入社してすぐに頭角を現した。大野は人事部として大島の採用面接に立ち合っているが、5年も前のことなのによく覚えている。北里社長をはじめとする幹部がずらっと並んだ最終面接でも、大島は堂々としていた。ハキハキとしゃべるし、入社して何がしたいのかという彼のビジョンが明確に伝わってきた。人前で自分の意見をはっきりと述べることが苦手な大野は、この若い逸材に対して素直に感嘆したのだった。

大島は幹部の満場一致で採用された。しかし、もうすぐ北電機を去る。

「大島君、いつまでだっけ？」

「今月は普通に出社しますが、2月は有給消化するんで、ほとんど出社しない予定です。退職届を出しておいてなんですが、会社を辞める実感が全く湧かないですね」

「そんなもんなの？　僕は一度も会社を辞めたことがないから、辞める人の気持ちがわからないな」

「大野さん、それ面白いっす」

「別に面白いことを言おうと思ったわけじゃないんだよ」

大島は炭酸飲料のボタンを押し、紙コップにドリンクが注がれるのを覗き込んでいる。北電機を退社する大島なら、本音を話してくれるかもしれない。そう思った大野は、思い切って聞いてみた。

「大島君、北電機が嫌になった？」

「急にどうしたんですか、質問がストレートすぎるでしょ」

「ごめんね、急に。ちょっと思うところがあってさ。大島君も僕が組織変革室の室長になったって話、知っているでしょ？」

「はい、メール見ましたから」

「まだどんなふうに変革したらいいのか、方向性が定まっていないんだけどね。ただ、大島君のような優秀で若い社員が北電機に愛想をつかさないような変革でなければ、意味がないと思っているんだ」

「その通りかもしれませんね」

「ちょっとだけ時間もらっていい？」

「いいですよ。どうせ辞める身ですから、何でも話しますよ」

大野と大島は組織変革室に割り当てられた会議室に向かった。フロアの一番奥にある暗く小さい会議室なら、誰かに話を聞かれることもない。二人は椅子に座って向き合った。

「率直な意見を聞きたいんだけど、大島君はどうして辞めるの？」

「そうですね。一番の理由は、北電機では面白いことはできないと思ったからです」

「諦めたってこと？」

「はい。僕がどんなに努力しても、面白いことができる土壌がありません」

「ストレートに聞くと辛い言葉だな」

「でもそれが本音です」

「大島君は営業部でもトップクラスの売り上げを誇っていて、名実ともに若手のエースだよ。それでも自分の思った通りの営業活動ができていなかったってこと？」

「そうです。僕が思い描いていたことは全然できませんでした」

「ごめんね。なんか僕が謝ることじゃないんだけど、同じ会社の先輩として申し訳なく思えてきた」

大島は思わず吹き出してしまった。

「大野さんは本当に人が好いですよね。でも大野さんに謝ってもらっても、何の解決にもならないので大丈夫です」

「ごめん、何か変なこと言っちゃったね。失礼しました」

「また謝ってますよ。もう謝らなくていいですから」

「そうだ、ごめん」

「大野さん、僕は技術者ではありません。だから北電機の製品がどれだけ優れているのか、入社する前に理解できていたかというと、そうではありません。でも昔の北電機はベンチャー気質があって、数ある電機メーカーの中でもユニークな存在であったということは分かっていました」

「そうだね」

「僕が入社した当時は、北電機は会社の立て直しに必死でした。でも、だからこそ僕は魅力を感じたんです。創業時にも負けないベンチャー精神で、自分が北電機を盛り上げたいという気持ちで入社しました」

「最終面接でも、そんなことを言ってたよね」

「はい。だから僕は販売店やクライアントにとにかくたくさん話を聞きました。製品開発のヒントって現場にあるものだと思うから、ちょっとでも気になったことはすぐに開発部に伝えました」

「凄いな」

ハキハキと勢いよく話す大島に対し、大野は相槌を打つのが精一杯だ。

「でも開発部は全然動いてくれませんでした。何か要望があるなら企画書にまとめろと。それで専門用語とか必死に勉強して企画書を書いたら、部署内を延々と回しているだけで、どれだけの人に承認取らないといけないんだって思うくらい回答が来ないわけです。いや回答なんて永遠に来なかったですよ。誰も現場の意見を吸い上げて、改善したいなんて思っていない。だから、僕のやったことは、彼らにとっては余計なことでしかなかったんですよね」

「そうだったのか」

「開発には時間とコストがかかります。だから、夢みたいな話をしつこく語る無知な営業担当者だと開発部から思われるのは、百歩譲って仕方ないです。だけど一番僕が失望したのは、営業部の先輩たちにまで煙たがられたことです」

「出る杭は打たれるということかな」

「細々とルート営業をやっていればいいって感じで、僕は出しゃばりだと思われたようです。

営業部の会議で僕が発言すると、露骨に嫌な顔をする先輩もいました。僕は自分のやりたいことを実現するためならそんなことは気にしないつもりでしたが、開発部と連携を取って、一緒に仕事を動かしていくことができなかったのは辛かった」

「大島君のような優秀な人を逃して、北電機は何をやっているんだって思うな。人事部も何もしてこなかった。本当に申し訳ないよ」

「もう気持ちを切り替えたので、大丈夫です。次はニュースアプリとかを作っているベンチャー企業に転職が決まっているので、そこで僕のやりたかったことを実現します」

「やっぱり営業職なの？」

「そうです。僕には技術力はないけれど、自社の製品がどれだけ魅力的なのかを伝える力はあると思っているんです。その会社は営業とエンジニアが一緒に顧客先を回って、細やかなヒアリングも行っていると聞いています」

「大島君ならきっと頑張れるよ」

「ありがとうございます」

「こちらこそ、率直な意見が聞けて良かったです。次の会社で活躍してね」

大島はお世話になりましたと言って、会議室を出ていった。その後ろ姿を見送りながら、大野は深くため息をついた。

昨日一緒に飲んだ橋本は、大島と接点を持つことができていたのだろうか。大島の前向きな姿勢は、入社当時の橋本をほうふつとさせた。大島の話を鵜呑みにするならば、橋本と接点を持っていたとしても、新製品の開発には至らなかっただろう。でも冷え切っていた橋本の気持ちと、もどかしさを感じていた大島の気持ちが結びついていたら、現状が少し変わっていたかもしれないと大野は思った。でも、それも全て後の祭りだ。

橋本と大島に話を聞いてみて、大野は改めて、北電機には社員の意見を聞く機会が絶対的に足りなかったのだと思った。各部署でミーティングを実施しているけれど、それは単なる業務連絡の場だ。社員がそれぞれどんな悩みを抱えているかとか、課題に思っていること、やってみたいこと、それらをざっくばらんに話す機会は皆無と言ってよかった。

社内でアンケートを実施するようなこともやってこなかった。これは働きやすい環境を整えるための一つの手がかりとして、人事部が行っても良かったことだ。さらに言うと、それぞれの社員がどんな生活を送っていて、どんなことに興味があるのかといった、プライベートな部分を知る機会もほとんど無かった。飲み会の回数も減っているし、経費削減のために社員旅行も数年前に廃止となった。部署が違えば顔すらよくわからない社員もいて、コミュニケーションが希薄であるということを改めて認識した。

中堅どころの橋本、若手のホープであった大島と続いて、大野はまた違う立場にいる社員に話を聞いてみたくなった。

そこで、昨年の4月に入社した新入社員の中から滝野翼に声をかけてみることにした。製造部に所属している滝野は、真面目な青年で礼儀正しいが、とても大人しく目立たない存在だ。大野が同席した新人研修でも群を抜いて目立たない存在だったので、彼が会社に対してどう思っているか気になったのだった。

滝野にメールを送ると、「何か私に不手際があったでしょうか」とこちらの要件を探るような返事が来た。ただ話を聞いてみたいだけだと伝えたが、その裏に何か別の思惑があるように捉えたらしい。約束した時間ぴったりに組織変革室を訪ねてきた滝野は、少しおどおどしていた。

「あの、私に聞きたいことって何でしょうか」

「あ、そんなにビビらないでください。ちょっと話を聞きたかっただけなので」

「はあ」

「僕は組織変革室の室長という立場なんだけど、室長っていってもメンバーは広報部の相武さんしかいないし、実際はまだ何をするかも決まっていないんです。ただ、社員の皆さんが北電機のことをどう思っているのか知りたいなと思って、滝野君に来てもらいました」

「そうでしたか。でも私が組織変革室にとって、お役に立つような話ができるとは思いませんが」

「お役に立たなければなどと、堅苦しく考える必要はないですよ」

「私以外に、他の新入社員には話を聞きましたか？」

「まだ誰にも聞いていないよ。気になる？」

「だとするならば、どうして私なのかなと思ったので」

滝野は完全に警戒している。そう感じた大野は努めて明るく言った。

「滝野君、滝野君はどうして北電機に入社したの？　採用面接で言った建前的なことではなく、滝野君の本音を聞きたいんです」

「それは・・・」

「僕は人事部に所属していますが、滝野君に聞いた話は一切口外しないし、もちろん評価にも反映されません。そもそも僕は人事部課長補佐です。滝野君が北電機に対する不満を漏らしたからといって、どうこうできるほど力はありません」

「お、おっしゃる通りかもしれません」

「組織変革室なんて格好いい名前がついているけれど、こんなに殺風景な会議室に追いやられている身分です。心配しなくて大丈夫だから、素直に話してほしいんだ」

「絶対に誰にも言わないと約束してくれますか？」

「もちろん」

「わかりました。面接の時、私は北電機らしいユニークな製品開発に携わりたいと言いました」

「滝野君は工学部出身だから、その志望動機は全然間違っていないと思う」

「そうかもしれません。でもこれはうちの大学のOBから、北電機の面接を突破したいなら、北電機の製品のユニークさを褒めたらいいと聞いたからです。もちろん最近はOEMが主流で、北電機独自の製品開発が進んでいないことは知っていました。でも面接官は社歴の長い社員たちだから、北電機ブランドが評価されると間違いなく好感を持つって」

「面接突破のために述べた理由ってことか」

大野も人事部の頃にうすうす感じていたことだが、面と向かって言われると苦い思いがした。無意識に、口調が厳しくなったのかもしれない。

「す、すみません」

「謝らなくていいんだよ。就活生がOBやOGに対策を聞くのは当然でしょう」

「はい。北電機が開発に力を注げない状態にあるので、私自身は北電機で何か新しいことをやろうなんてまったく考えていません。だって新しいプロジェクトが動き出したら、ほぼ定時に帰れなくなるでしょう。うちは残業がとても少ないし、休日もちゃんと休める。それでいて給料も低くはない方だと思います。だから私は北電機を選びました」

「安定を取ったってことですね」

「そうです。だから北電機に何を望むのかと聞かれたら、本心は現状維持です。波風立てず、毎日の仕事を黙々とこなしたい。それでいいと思っています」

「滝野君は会社に雇用されているわけですから、毎月ちゃんとお給料をもらうことは当然の権利です。だから、安定を望むという気持ちは決して悪いことではないと思う。僕だって似たような感じだよ」

「それに、北電機で数年働いたら大手電機メーカーに転職したいと考えている同期は結構います。みんな北電機が好きかと聞かれたら、返答に困るでしょう。私は入社1年目ですから、実務を覚えることで精一杯です。まだ転職する気概もない。それだけなんです」

「ありがとう。言いにくかったでしょう。ごめんね。でも凄く参考になりました」

滝野に対して精一杯の笑顔を見せた大野だったが、心の中は荒れていた。こんな社員の嘆きを父の守が知ったらどう思うだろうか。組織変革室の室長になったと話したとき、北電機のために頑張れと、あれだけ応援してくれたのに……。

虚しかった。虚しかったけれど、今の大野にできることは何もなかった。

解説

ファーストステップとしての社内現状調査

組織変革の最初の一歩は、今会社の中で何が起きているのかを、できる限り正確につかみに行くことです。

最終的なゴール指標ともなり得る「会社への愛着度」「貢献する意識の度合い」等がどの程度あるのか。従業員満足度はどうか。それは、何が原因で違いが出てくるのか。部署によっての違いはどうか。年代ではどうか。地域差はあるか。会社からの評価によって異なるのか。入社時期が影響を与えているのか。

大事なことは、今組織風土が望ましくない形になってしまっているとして、その原因が何なのか、仮説を立てることです。

そのために、できる限りプロジェクトチームのメンバーが、従業員の生の声を聴いて歩くことが求められます。定量的な調査も定点的な観測として必要ですが、その先にある、従業員の「顔色」を肌で感じ取ってくること。そして組織に対して後ろ向きな人がいるならば、なぜそんなことになっているのかをしつこく聞くことが、最初の一歩として大切です。

組織風土変革のハードルはいくつもありますが、突き詰めると大きく4つに分類できます。

①会社の向かう方向性が明示されていないか、共有できていない。なんとなく聞いているけれど、きちんと理解しきれていない。

②会社の向かう方向性は分かっているけれど、納得できていない。これは、会社の置かれている現状の理解ができていない場合や、全社視点・未来視点に立てず部門最適な考え方に固執してしまっている場合などが考えられます。

③納得はしたけれど、何をしていいかわからない。これは、大きな視点ではわかったけれど、自分の仕事に落とし込めていないということです。抽象的なビジョンと自分の仕事との関連がわかりにくい等、特に間接部門のスタッフに起こりやすいことです。

④納得したしわかったけれど、行動したくない。これはそもそも変化を嫌う性格であったり、自身の得ている報酬に対して要求されていることが大きすぎると思っていたりする場合です。

これがさらに部門間であったり、中間管理職と現場スタッフの間であったりと、それぞれ少しずつ状況が異なりながら絡み合って、組織がうまくいかなくなっていくということが起きているのです。

実際に顔を見ながらヒアリングをして、自社がどういう状況にあるのかを把握することが、その後の活動の指針を決めていくことにつながります。

KEY LINES

「出る杭は打たれるということかな」

もしも社内で、特に若手社員が、「出る杭は打たれる」という組織風土を感じていたとしたら、その組織には変革の必要があると思ったほうが良い。

旧来と違い、現代の若手社員は、社内でのコミュニケーションに難しさを感じたり、自分がやりたいことをできないと思ったりしたときには、「外へ出る」という選択肢を簡単にとれるようになってきている。

社内で硬直化した組織や上司を相手にするよりも、ベンチャー企業や外資系企業などに移ったほうが、やりたいことができると思ってしまうのである。

退職者が増えるという段階に来てからでは遅いので、自社が「出る杭を求める組織」でいられているのか、「出る杭を打つ組織」になってしまっているのかを、常に確認する必要がある。

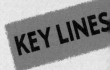

【社内調査の視点】

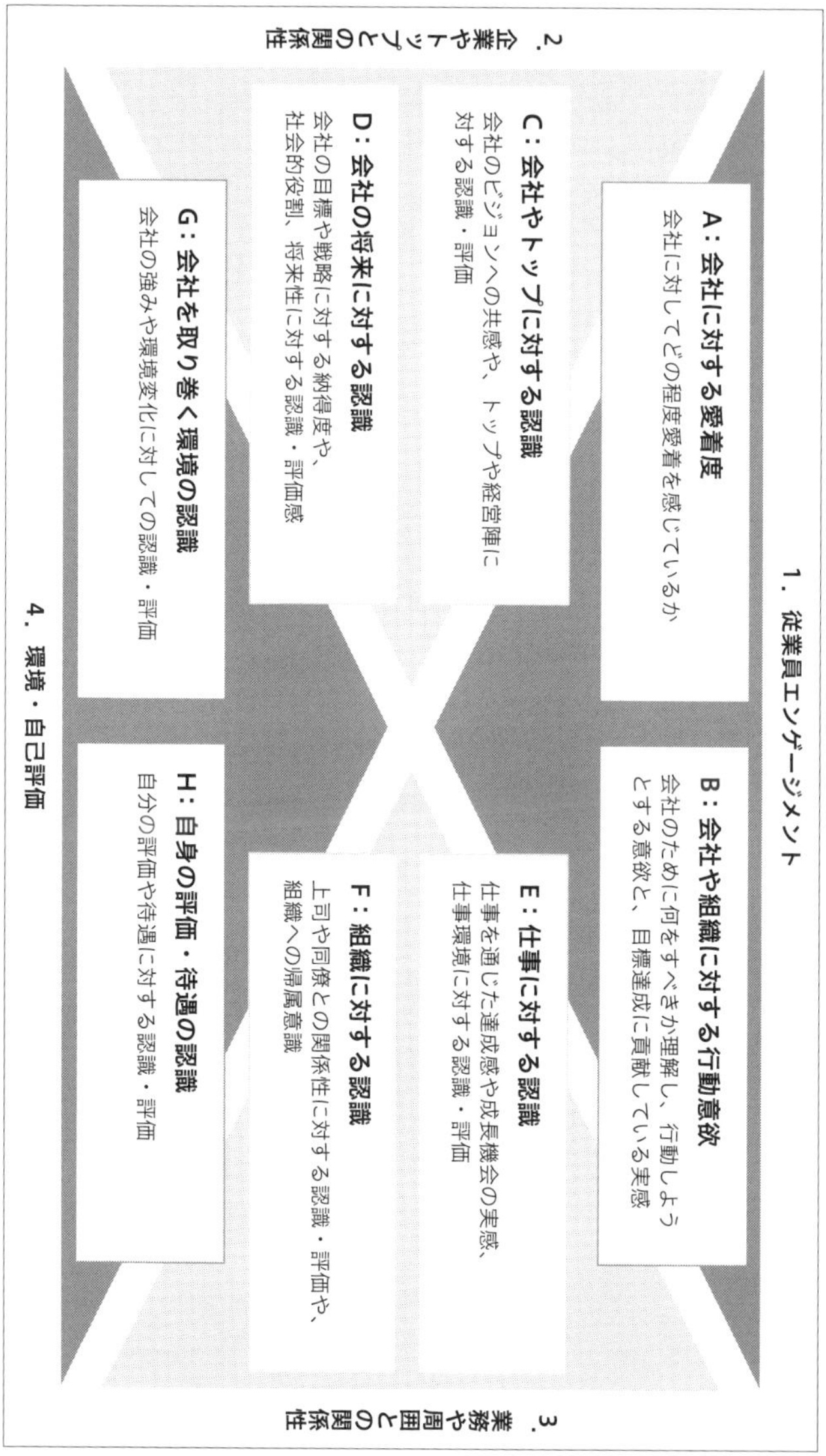
1．従業員エンゲージメント
A：会社に対する愛着度
会社に対してどの程度愛着を感じているか
B：会社や組織に対する行動意欲
会社のために何をすべきか理解し、行動しようとする意欲と、目標達成に貢献している実感
2．企業やトップとの関係性
C：会社やトップに対する認識
会社のビジョンへの共感や、トップや経営陣に対する認識・評価
D：会社の将来に対する認識
会社の目標や戦略に対する納得度や、社会的役割、将来性に対する認識・評価感
3．業務や周囲との関係性
E：仕事に対する認識
仕事を通じた達成感や成長機会の実感、仕事環境に対する認識・評価
F：組織に対する認識
上司や同僚との関係性に対する認識・評価や、組織への帰属意識
4．環境・自己評価
G：会社を取り巻く環境の認識
会社の強みや環境変化に対しての認識・評価
H：自身の評価・待遇の認識
自分の評価や待遇に対する認識・評価

INTERNAL BRANDING

第3章 インターナルブランディングの定石

大野が同期の橋本をはじめとする社員たちに話を聞いて回っているころ、もう一人の組織変革室メンバーである相武は、本屋に足を運び書籍を漁っていた。参考になりそうな書籍を片っ端から手に取りながら、相武は組織変革室に加わるまで、自らの所属する組織を変えたいと思ったことがないことに気付いた。

広報部を変えようとか、風通しのいい職場にしようと考えたことは一度もなかった。個々がある程度の秩序を守って行動すれば、組織はまとまるはずだし、北電機がそこまでまとまっていないとも思っていなかった。素晴らしいチームワークとはお世辞にも言えないが、組織なんて所詮こんなもので、どんな会社にだって多かれ少なかれ課題があるはずだ。「人は人、自分は自分」だと思って生きてきた相武には、組織に固執する人の気持ちがよく分からなかった。

相武は、同僚のとりとめもない愚痴を聞くのが嫌いだった。同僚たちの多くは、口を開けば上司が無能だの、誰々が気に食わないだの、会社に関する不満を共有して盛り上がる。そんなに不満があるのなら、不満の解決のために動くか、今いる会社を辞めるか、どちらかの行動を起こすのが筋であるはずだと思う。だが愚痴をこぼしている同僚は、そのどちらも選択せず、ただただ相武の時間を奪っていく。それが嫌で、相武はある時から仕事終わりの飲み会の誘いを断るようになった。昼食も一人で食べることが多くなった。誰かに不満を聞いて欲しいだけの人は、結局そこまで大きな不満がないのだろうと思っていた。

相武自身も、会社に対して居心地の悪さを感じてはいた。主に上司との関係性の悪さが原因だった。広報部の部長とは特に折り合いが悪かった。広報部長は元々開発畑の人間だったが、自社製品の開発が減ったことによる人員整理の一環で広報部に移り、３年前に部長職に就いた。広報経験が浅いのに部長が務まるのかという声も現場からは挙がったが、北電機の人事において開発部出身の人間が優遇されることは慣例だったし、上司に合わせて自分のスタイルを変えるという発想がなかった相武にとっては、どうでもいいことだった。

だが、知識はなくともプライドだけは高い広報部長にとって、誰に対しても躊躇なく意見する相武は煩わしい存在だった。初めて会ったときに大野に言った「私は飛ばされた」というのは、間違っていない見解だと思う。北電機には、本人の望まない部署異動はさせないという基本方針がある。だからこそ広報部長は、相武を他部署に異動させる良いきっかけを探していたことだろう。「はい、わかりました」「さすが部長です」くらいのことを言えばかわいがられたはずだが、お世辞を言ってまでかわいがられるくらいなら、正論を言って嫌われた方が納得がいった。そんな人間を、世間では不器用と呼ぶのかもしれない。

相武の扱いに困っていたのは、直属の課長も同じだった。会議中に相武が少しでも話し始めると、嫌そうな顔を浮かべて相武を睨むような眼で見てくる。そんな課長の様子を見た同僚も、相武とは何となく距離を取るようになっていた。

そんな微妙な空気の中で仕事を続けてきたが、基本的に北電機の社員は真面目な人が多いと相武は感じている。上司の言うことに逆らったりしないし、みんな黙々と仕事をしている。自分の地位を守るために強引な態度に出る中堅社員も稀にいるけれど、基本的には真面目で、大人しい集団だ。同僚とプライベートな会話はなくとも、仕事で必要があればいくらでも連携できる。だから、広報部で自分が浮いているということを理解していても、相武は北電機に居続けた。そんな相武もまた、北電機らしい真面目な社員の一人なのかもしれなかった。

重たい紙袋をぶら下げて自宅に帰宅すると、すでに22時を回っていた。

電気のスイッチを押すと、少しずつ室内が明るくなっていく。ぼんやりと照らされた部屋の奥から「ニャー」と声がした。

「ごめんね、遅くなったからお腹すいたでしょ」

相武はまるで子どもに話しかけるような甘い声で、部屋の奥に向かって話しかけた。

「今日は黒丸の大好きなおさかなカリカリにしよう」

まるで返事をするように、小さい鳴き声がする。返事の主は、スマートな黒猫だ。ひとり暮らしの相武が急いで自宅に帰るのは、この黒丸に早く会いたいからだ。休日は自宅に引きこもり、映画を観たりしながら黒丸と一緒に過ごすことが、一番のストレス解消になっている。北電機の社員が誰一人見たことのない優しい笑顔を浮かべながら、相武は黒丸を抱っこした。

「黒丸、ママは疲れちゃったよ」

黒丸は目をつぶって、相武に身を任せている。

「本が重くってさ、腕が折れるかと思っちゃった」

相武は急いで黒丸の食事を準備した。黒丸は「ミャッ」と鳴いて相武の足元をすり抜け、用意された餌皿にそろそろと歩いていった。そんな黒丸を眺めながら、相武は買い集めた書籍を紙袋から出して、テーブルに積み上げた。

相武が資料として集めた書籍の背表紙には「インターナルブランディング」という言葉が並んでいた。書店に足を運ぶ前に、インターネットで基本的な情報を得ようと調べていたら、最初にヒットした言葉がインターナルブランディングだった。何となく聞いたことのある言葉ではあったが、その意味を聞かれると、曖昧な説明しかできなかった。

相武は広報の仕事に携わって長いので、ブランディングに関しては人より理解しているつもりだった。そもそもブランドの語源は「焼印を押すこと」を表す「ＢＵＲＮＥＤ」という英単語で、牛飼いたちが自分の家畜を見分けられるように、牛に焼き印で目印をつけたのが始まりだと言われている。その後、ブランドは見分けるための印という意味を超えて、企業や製品の特長を表す連想として扱われるようになっていった。

ブランドは消費者に特定のイメージを思い起こさせる役割を持っていて、消費者は「このブランドは洗練されていて品質が良い」「あのブランドの商品は手頃なのにかわいい」といった印象を抱く。しかし、それは「このように認識されたい」という企業側のブランディング活動による賜物だ。北電機でいえば、ホームページに「高い技術力」「真面目なものづくり」といったワードが散りばめられている。消費者や取引先に対して、狙った印象を与えるために、適切な情報を適切な手段を用いて発信し、共感や信頼を蓄積することで、ブランドの価値が高まっていく。簡単に言うと、それが相武の理解するブランディングだ。

相武は、北電機の広報担当者として、北里社長のメディア取材に立ち合ってきた経験が何度かあった。しかし近年はオリジナルの新製品開発からは遠のいていることもあり、取材実績は本当に少ない。相武が担当した取材は、新年の抱負を寄稿してほしいという業界誌からの依頼や、長年続けている清掃活動に関する地元のコミュニティラジオからのインタビューといったものばかりだった。広報担当者としては、社内の動きに対して大々的にプレスリリースを出して記者発表を行いたいけれど、ここ何年もニュースになるようなことは起きていなかった。北電機の広報部に活気が欠けていたのも無理はない。広報部の定例会議で、相武がSNSをやってみませんかと提案したら、発信するような情報がどこにあるのかと速攻で却下されたことがあった。情報を探しもせずに発信するものがないと言ってしまってはお仕舞いだろうと、相武は暗い気持ちになったものだ。

「インターナルってことは、内側にってことだよねぇ」

一人暮らしの静かな部屋の中に、相武のひとりごとが響く。黒丸は食べることに夢中で餌皿から顔を上げもしない。相武はそんな愛猫の頭を軽くなでてから、書籍のページをパラパラとめくった。

組織変革室の拠点となる会議室に、大野と相武は集まっていた。大野と相武が初めて顔を会わせてから1週間が過ぎていた。この1週間で各自情報収集した内容を伝え合い、組織変革室が目指すことや、実際にどんな取り組みを行うのかを話し合うことにしていた。

まずはたった二人の組織変革室の室長を務める大野が話し始めた。大野の同期で開発部に所属している橋本亮の、北電機に対する失望感や、開発者としてまったく腕を振るえていない苛立ち。入社してすぐに営業部の若きエースとして頭角を現したのに、やりたいことができなかったと転職を決めた大島拓也。そして真面目な勤務態度ではあるけれど、穏便に毎日が過ぎればいいと諦観している新入社員の滝野翼。大野はその後も何人かの社員に話を聞いたが、意欲的で前向きな話をしてくれる社員は一人もおらず、失望したこと、その声に耳を傾けながら自分が考えたことを、相武に話した。

「自分が今の北電機に期待しているのかと聞かれたら、そんなこともないけれど、だからといって多くの社員が北電機に諦めに似た感情を抱いているってことは、やっぱりショックだったな」

「北電機に対する誇りみたいなものが、欠片も感じられませんよね。一時は勢いがあった会社だからこそ、今の社員の覇気の無さが余計に情けなく感じられますね」

「そうなんだよね。僕だってそんな熱い人間じゃないけれど、何の誇りも感じていない会社に退職までずっと居続けるのはちょっと嫌だなって思った」

「みんな北電機のことを、どんな風に考えているんですかね？」

「そう、それでよくよく考えたら、社内でアンケートを実施することすらしてこなかったなって。アンケートにどこまで本音を書いてくれるかは分からないけど、人事部として、やれることってあったよなと反省したんだよね」

「なるほど、アンケートか。そういえば先日、働く女性向けのセミナーに行ってきたんですよ。女性向けビジネス誌の主催しているセミナーだったんですけど」

「相武さんかっこいいね。キャリアウーマンみたいだね」

「一応キャリアウーマンの端くれだって思っていますから。これから先もずっと働き続けないといけないだろうし」

「結婚して、専業主婦になるかもしれないよ」

「まあ無理でしょう。私にはネコがいればいいんで」

相武がネコを飼っているとは初耳だったが、なんとなく突っ込んではいけない気がして、大野は話を進めた。

「いや、分からないよ。僕の妻だって仕事大好きだから、自分でもまさか結婚するとは思わなかったって言っていたし」

「へぇ、そうなんですか。まあ余談はさておき、そのセミナーでパネリストとして登壇した人が話していたんですけど、その人が働いている会社では、かなりの頻度でアンケートを取っているそうなんです」

「かなりの頻度ってどの程度？」

「毎月実施するんですって。内容としては5分もあれば答えられる程度の量みたいです」

「それは凄いな」

「でも社員の手間が増えるとアンケートの回収率が低くなるから、わざわざ社内アンケート専用のシステムを構築して、効率的に実施できる仕組みを作っていると話していました」

「システムかぁ。僕たちの世代は平気だけど、部長クラスは嫌がりそうだな。使いこなせないって言われそう」

「昔ながらのスタイルを頑なに守っている人、けっこう多いですからね。ＩＴの類はあんまり得意じゃないみたいな」

「そうなんだよね。でもアンケートを実施するなら、仕組みの部分も考えないといけないね。回収率が上がらないと、せっかくのアンケートも意味がないもんね」

相武は本当に勉強家だ。たった一人の仲間ではあるが、大野はそんな相武を頼もしく思った。

「ただ、大野さんが数人に話を聞いただけでも、こんな感じですからね。社員の気持ちは、なかなかシビアなような気がします。組織変革室は前途多難みたいですね」

「僕も正直そう思ったよ。共通しているキーワードは閉塞感だ。一度後ろ向きになった社員の気持ちを、どうやって前向きにさせていくのか。現状では給料が上がるわけでもなく、新商品が出るわけでもなく、起爆剤みたいなものはないと思うんだよね」

「大野さんが社員に話を聞いている間に、私は組織変革室が目指すこと、指針のようなものをはっきりさせたほうが良いと思って、いろいろ本を読んでみたんです」

「北里社長は単に『北電機は新しく生まれ変わる』としか宣言していない。社員の意見を吸い上げ、風通しの良い組織へと進化するって言っても、じゃあそのために何をするのかは明言していないからね」

「だからまずは私たちで、その何をするのかを決めないといけないと思うんです」

「その通りだな」

「そこで大野さんに、この資料を見てもらいたいんですけど」

相武に手渡された資料には、「インターナルブランディングの推進」と書かれてあった。

「インターナルブランディング？」

「インターナルブランディングって、大野さん聞いたことありますか？」

「初めて聞いた」

「私も何となく知っている程度でした。ブランディングと聞くと、消費者とか社外の人に向けて、自分たちの会社のことを知ってください、うちはこんな会社で、こんなポリシーを持って活動していますと発信していくこと。そんなイメージがあると思います」

「そうだね。相武さんが言っていることが、ブランディングの意味そのものだと理解しているけど」

「じゃあ社内に向けたブランディングはどうですか？」

「社内？　なんで社内にブランディングが必要なのかよく分からないけど」

「そうですよね。大半の人がそう思うでしょう」

「じゃあ相武さんは、そのインターナルブランディングが組織変革に役立つって思うわけないの？」

「いや、インターナルブランディングは、まさに組織変革のためにあるといっても過言ではない考え方なんです」

「それ、詳しく教えてよ」

相武はコホンと小さく咳払いをすると、ゆっくりと説明を始めた。

インターナルブランディングとは、読んで字のごとく、企業が社員に向けて行うブランディングのことである。

インターナルブランディングでは、組織構造や評価制度を変えるのではなく、企業の理念や考え方を浸透させていくことで、社員のマインドを変え、行動を変えていくことを狙う。北電機のように、会社に対して期待していない、仕事に前向きになれない、自分から行動しようと思わない社員が多い企業においては、有効な打ち手のひとつである。

そういった企業においては、会社と社員の間にコミュニケーション不全が起きていることが多い。インターナルブランディングの活動によって、会社の目指す方向性を明らかにし、社員が共感することで、仕事へのモチベーションが高まり、積極的・自発的な動きにつながる。

特に近年、企業のビジネスモデル転換やデジタルトランスフォーメーションが進む中で、企業の変化に社員の意識がついて来られず、組織の向いている方向がバラバラになってしまう事例が多く見られている。そういった転換点にある企業においても、インターナルブランディングは有効である。

インターナルブランディングを実施するにあたって、定石とされる進め方がある。まず社員にどのような思いを持たせたいのかを決め、企業理念や行動指針といったものとして言語化する。それをカードや冊子に記載して社員に配布し、全社会議や部門ワークショップなどの場で繰り返し伝えることで、思いを全社に浸透させていく。浸透度合いは定期的なアンケート調査で測定し、ＰＤＣＡを回していくというものだ。

相武の話を聞いていると、大野にはインターナルブランディングが北電機を救うことができる唯一の魔法のように感じられた。軽い興奮を覚えた大野は、つい机の上で前のめりになった。

「相武さん、今すぐインターナルブランディングやろうよ。落ち込んでる社員たちの気持ちを変えるんだよ」

「ちょっと待ってくださいよ。そのためにはちゃんと考えないといけないことがたくさんあるんですから」

「ご、ごめん。なんだか凄い秘策を聞いたような気がしちゃって、今すぐやりたいって思っちゃったものだから」

大野は深呼吸し、席に座り直した。

「室長には、それくらいのやる気があってもいいと思いますよ。ただ私たちが勝手に北電機のビジョンや方向性を決めて、こんなことを目指しますって発表しても誰も賛同してくれませんよ。社員たちの意見を聞いたうえで判断しないと、上の人間が勝手にやったみたいに受け止められて、現場は白けちゃうと思うんです」

「たしかにそうだな。あ、だから北里社長は僕たち社員に任せるって言ったのかな」

「北里社長がそこまで全部お見通しだったとするなら、さすがだなって思いますが、真意は聞いたことがないのでわかりませんね」

「だよね」

「ただ、北里社長が私たち社員に任せるとおっしゃった以上は、社員の協力が得られないと物事は進んでいかないと思います。特に現場をまとめている管理職の人間に協力してもらいたいですよね」

「なるほど。僕は同期とか身近な人にばかり話を聞いたけれど、管理職クラスの人の意見も聞いてみないといけないね。そうだ、とりあえず僕が営業部にいたときに上司だった人に連絡してみるよ」

「それはいいですね。私も同席します」

「さっそくメールしてみよう」


大野が熱量高めのメールを送ってから3時間後、営業部の入谷課長から返信が来た。打合せをするのは構わないが、時間がないので手短にという旨だった。入谷課長が組織変革に前向きではないことは、メールの文面を見るだけで何となく伝わってきた。それでも30分だけとお願いして、組織変革室の会議室に来てもらうことにした。

大野と相武は、これから組織変革を行っていく過程で、社員が目標にできる行動指針のようなものが必要だと考えていること、そのために社員にアンケートを取って意見を吸い上げようと思っていることに対して、管理職の立場から率直な意見が欲しいと伝えてみた。


入山課長は、深いため息をついてから話し始めた。

「よくある話じゃない。収益落ちたら社内改革って、会社の業績の悪さの原因を社員のモチベーションとかに押し付けちゃうって話はさ」

「入山課長は中途採用で北電機に入社されましたよね。前職でもこのような動きってありましたか？」

「あるある、いっぱいあったよ。そのインターナルブランディングって言い方をしていたかどうかは覚えていないけど、社員が変わらないと会社も良くならないってことで、外部から講師を招いて話を聞いたりさ。それから社員でグループディスカッションやって、新しい企業理念を考えるとかで、いろいろ話し合ったりしたね」

「それで、どうだったんですか？」

「一応新しい企業理念ができて、立派な額に飾られてオフィスの入り口に飾られてたんだけど、それで何か変わったという実感はないね。正直言って、企業理念って社長が考えればいいものでしょ。ちなみに、うちの企業理念を知らないってことはないよね」

「はい、点滴穿石です」

「その通り。小さな努力をコツコツ重ねていけば大きな実りになるって意味。だから企業理念って、もうすでに用意されているわけだから、改めて考えたりしなくても良いんじゃないの？」

「入山課長、私たちは何も企業理念を変えることを目的にしているわけではないんです。それに、企業理念は先代から引き継いだ大事なものですから。今の時代を担う社員たちが、企業理念の下でどのように行動していくのかを考えていきたいんです」

「ふうん、そうなの」

「だから僕たち、社員の方々からたくさん話を聞いて、参考にしたいんです」

「こう言うと大野君や相武さんのやる気に水を差すのかもしれないけれど、正直に言えば、それって疲れる。できればこういうこと、やりたくないよね」

入山課長があまりにはっきりと拒絶したので、大野と相武は一瞬たじろいだ。組織変革を進めるということは、こうした後ろ向きな発言や反対の意見を受け止めることから始まるのかもしれない。

「前の会社も社員からの意見を吸い上げたいって話でさ、定期的にミーティングが開かれるわけ。そこで社内の雰囲気や働き方に対して、自分がどんなアプローチしているとか、先月よりも今月はこう変わったとか、成果を全部発表していたんだよ。そのたびに資料を作成して、発表して、発表後にはレポート書いてと、業務以外の作業がめちゃくちゃ増えたよね」

「そうだったんですか」

「そうしたミーティングの場で、新しい企業理念は浸透していますかとか、行動指針に則って働いていますかとか、何回も聞かれたよ。けれど俺からすれば、言葉を並べたところで何か変わりますかって感じで、社内の雰囲気が変わったって実感はまるでなかった。それよりも、目標値として立てられた予算を守るんで、好きなように営業させてくださいって気持ちのほうが強かったな。大野君たちは、新しく行動指針を作ったら北電機が変わるって思ってるの？」

「分かりませんが、何もしないよりマシだと思います」

「優等生な発言だね、相武さん。何もしないよりマシだって言っても、この10年、北電機はそれらしい動きってなかったんだよ」

「それはそうですが」

「北電機はずっと低迷していたわけでしょ。だったら組織変革なんかよりも、収益につながる事業を生み出すことに力を割いたほうが良いように思うけれど」

たまらず割って入った相武だったが、言い返せずに下唇を噛んだ。

「そう言われると、何も言い返せないです」

「でしょ、そうだと思うよ。俺以外の管理職に話は聞いたの？」

「まだ聞いていません」

「まあ聞かなくても、おおむね同じ返答だと思うけどね。大野君だって営業部にいたんだから分かると思うけれど、営業であれ製造であれ、現場は数字を守ることにとにかく必死なんだよ。企業のビジョンとか関係なく、現場では毎日トライ＆エラーで効率化とかコスト削減に必死で、さまざまな改善を繰り返しているわけだ」

「はい」

「会社のビジョンやら何やらが変わっても、俺たち現場がやる業務は変わらないし、急に何かを変えろと言われても、そう簡単には変えられない。部署ごとの事情だってあるんだから、それを急に統一することなんてできないと思う」

「そうですね・・・・」

入山がこれ見よがしに腕時計を見る。

「二人とも急に担当にさせられちゃったみたいだから同情するけど、できることなら現場はそっとしておいてほしい。余計なことに巻き込まれたくないっていうのが本音だよ。あ、30分経ったから戻るわ」

「すみません、忙しいのにお時間いただいて」

「あんまり気持ちのいい話ができなくて悪かったけど、北里社長が社員の本音を知りたいというのなら、これが大半の社員の本音だと思う。じゃあ、頑張ってね」

入山課長はそそくさと自分の机に帰っていった。大野と相武はその姿を黙って見送るしかなかった。入山課長が去った後の会議室は、いつも以上に静まりかえっていた。

「あそこまで堂々と言われると、さすがに落ち込みますね」

「相武さん、元気出してよ」

「大野さんこそ、暗い顔しないでください」

「そうだね、お互い落ち込むのはやめよう」

「大野さん、私はインターナルブランディングに関連した本を読み漁って、社員に浸透させたいビジョンを決めて、そのビジョンを浸透させるためのワークショップを開いて、アンケート結果を測定しながら浸透度を測っていくという方法を考えていました」

「それがインターナルブランディングの定石だと、相武さんは言っていたよね」

「入山課長の話を聞くまでは、そう思っていました。でもおそらく、この定石ではダメだということがわかりました。たぶん失敗します。何か違う方法を考えないと」

「相武さんから説明してもらったときは、僕も凄くいい考えだと思ったんだけど」

「インターナルブランディングを推進していくということ自体は問題ありません。ただ、北電機の社員に受け入れられるアプローチを考えないといけないんだと思います。書籍に書いてあった定石どおりに進めればインターナルブランディングが推進できるかっていえば、そうじゃないんだとわかりました。この会社に、そんなに簡単にビジョンは浸透しません」

「難しいね」

「はい、もう一度アプローチの方法を考え直さないといけませんね」

大野と相武は、改めて組織変革の難しさを実感した。入山課長の意見は、北電機の社員の大半の意見でもあるだろう。これからインターナルブランディングを推進していく過程で障壁となるのは、こうした社員たちの姿勢なのだ。でも、だからこそインターナルブランディングで社員たちの意識を変えていく必要がある。ただ、現段階ではその適切なアプローチが見えてこない。とりあえずもう一度冷静になって考え直そうと話し、二人はそれぞれの部署に戻っていった。

帰り道、大野はいつもの三叉路で信号が変わるのを待っていた。県道には家路を急ぐ人々を乗せた沢山の車が行き交っている。大野は入山課長の言葉を思い出していた。

——正直に言えば、それって疲れる。できればこういうこと、やりたくないよね。

そういえば、プロジェクトが始まってから社員に話を聞く機会が何度かあったが、その度に気分が落ち込んでいるような気がする。毎回、何かヒントが見つかるかもしれないという期待とともに臨んでいるのだが、得られる意見は終始ネガティブなものばかりだ。それと、少しばかりの同情。組織変革のヒントは、北電機の社内には無いのかもしれない。いや、自分が気付けていないだけだろうか。相武は今日も書店に寄ると言っていた。自分はどうすればいいのだろう?

信号が変わった。大野は自宅へと続く道ではなく、逆方向の道へと自転車を走らせた。駅前へと続く道は小さな商店街になっている。すでに多くの店はシャッターを下ろしていたが、ちらほらと明かりが灯っている。駅前の駐輪場に自転車を停めた大野は、1月の冷たい夜風に吹かれながら、商店街を散策することにした。

商店街の入り口では、カラオケ屋の看板を持った青年が気だるそうに客引きを行っていた。彼は仕事にやりがいを感じているのだろうか? 道の反対を見ると、花屋の女性店員が店頭に並べられた花をてきぱきと店内に運んでいる。その隣のコンビニでは、インド系と思しき店員がゴミ箱からぱんぱんになった袋を抜き取り、新しい袋を入れている。仕事帰りのサラリーマンの集団が、ぞろぞろとチェーン店の居酒屋になだれ込んでいく。カーンカーンと踏切が鳴る音に続いて、ガタンガタンと電車の走る音が鳴り響く。下り電車の車窓には、顔の見えないスーツ姿の影がずらりと並んでいる。そもそも、全ての労働者の中で、仕事にやりがいを感じている人は何パーセントくらいいるのだろう？　北電機の社員の姿は、もしかすると平均的なもので、むしろ北里社長が望むような活気あふれる会社の方が、少数なのではないだろうか。組織変革など、幻想なのではないか……。

大野の目に、古めかしいバーが目に留まった。

——ＢＡＲ ＰＬＡＮＥＴって、こんなバーあったかな？

大野は一人静かに考える時間が欲しかった。それに、たとえ良い考えが浮かばなかったとしても、酒を飲んで忘れてしまえばいいとも思った。大野は勢いよくバーの扉を開けた。

「いらっしゃいませ」

店内を見回すと、カウンターに男性が一人いるだけで、客は誰もいないようだった。大野は急に緊張してきた。知らないバーで知らないマスターと二人きりという状況が、少し異様なものに思えた。とはいえ、踵を返して店を出るのも気まずかった。大野はカウンターの一番奥に座り、マスターを直視しないように注意しながら、ずらりと並ぶ酒瓶を見渡した。

「何をお飲みになりますか？」

マスターはおしぼりを出しながら尋ねた。

「あ、そうですね。ビール、ください」

「かしこまりました」

BGMも流れていない静かなバーだった。大野はマスターが背を向けているのを確認すると、振り向いてそっと店内を見渡した。カウンターは7席。テーブル席は2つあるけれど、テーブルの上には大きな地球儀や何に使うのかわからないアンティーク調の器具が置かれていて、お客さんが座れるような感じではない。

3分ほどで細長いグラスに注がれたビールと、ピスタチオが入った豆皿が出された。大野はビールを一口飲んだ。飲み慣れたジョッキの生ビールとは違う、澄んだ味がした。

「このお店は、できて長いのでしょうか?」

「そうですね。かれこれ5年くらいになりますかね」

「この商店街にはよく来るけれど、全然気付かなかったもので」

マスターは返事をするでもなく、静かにたたずんでいる。入店してわずか10分程度で、何も話すことがなくなってしまった。沈黙の中で、微かに電車の音が聞こえてくるような気がした。

しばらくするとマスターが口を開いた。

「お酒はよく嗜まれるのでしょうか?」

「あんまり飲まないほうですかね。嫌いじゃないんですが、あんまり強くなくて。それに娘ができてからは、飲み歩くことが一気に減っちゃって」

「そうでしたか」

「特にバーって、何となく敷居が高いじゃないですか」

「そうおっしゃる方は多いですね」

「いや、悪い意味ではないんですけど、何て言ったらいいのかな」

慌てている大野が可笑しいのか、マスターは少しだけ口元をほころばせた。物静かだけど、接しやすそうな人物だ。全くシワの見当たらない白いワイシャツに黒いベストを着ている。年齢は50歳前後くらいだろうか。顔の肌の張りを見るともっと若くも見えたが、きれいに束ねられ、後ろで一本に結ばれている白髪を見ると、もっと年長にも見えた。年齢不詳のマスターは大野にゆっくりと話しかけた。

「普段はほとんど飲まない。それでも何か悩みや考え事があって、ふらっとバーに入った、というところでしょうか」

「ええ、その通りです」

「お顔がちょっとお疲れのご様子ですよ」

「あ、何でわかるんですか？」

「お顔を拝見すれば、その程度のことは」

「人生相談に来るお客さんが多いからですかね」

「こういう場で話すほうが気楽という方もいらっしゃいます」

大野はふと、マスターに自分の悩みを打ち明けてみたくなった。

「ちょっと、話を聞いてもらってもいいでしょうか」

「私でよろしければ、どうぞ」

大野は半分ほど残っていたビールをぐいっと飲み干した。


自分のことを積極的に話すタイプではない大野だが、この日は違った。久し振りにバーに入ったことによる緊張感と、マスターの落ち着いて親しみやすい雰囲気が、そうさせたのかもしれない。組織変革室の室長を任されたことや、考えていた方針を入山課長に否定された話など、ところどころ匿名や一般論を挟んで守秘義務違反にならないよう気をつけながら、大野は話した。一度話し始めると止まらなくなり、気付けば1時間近く話し込んでいた。


せっかく出された2杯目のビールがぬるくなっていくのも気に留めず、話に夢中になっている大野を、マスターは黙って受け止めていた。

「あ、すみません。僕ばっかりしゃべっちゃって」

「いいんですよ。大変興味深いお話でした」

「それなら良かったです。でも結局は僕の愚痴みたいな話だから」

「お客さん、失礼ですけどお名前は？」

「大野です。大野健太って言います」

「そうですか、では大野さん。『野武士理論』って聞いたことはありませんかね」

「のぶし？」

「ご存知ないのは当然です、私が勝手に考えた理論ですからね。まあいいでしょう、少し私の話も聞いて頂きましょう」

「は、はい」

「私はこういう仕事をしておりますから、色んな会社さんのお話を聞いてきました。大野さんの会社が陥っている状況というのは、決して珍しいことではありません。世の中の多くの会社が同じ状況に陥り、どうしたものかと頭を抱えています」

「そうかもしれませんね」

「今の社長は三代目だとおっしゃいましたね。社長が二代目、三代目という会社ほど、この状況に陥りやすいんですよ。そして口を揃えて言うんです。昔は野武士の集団のような会社だったのに、って」

「どういうことですか？」

「会社の創業期というのは、何かしら秀でた素質を持ったカリスマ的創業者の力が絶大なものです」

「たしかに、うちも創業者の技術力とアイデアは、相当なものだったと聞いています」

「カリスマ的創業者の周囲には、創業者と共に仕事をしたいという強い思いを持った側近が集まります。会社の規模も小さいし、名声もないけれど、夢と希望に溢れています。社会の役に立つことをするんだ、会社を大きくしていくんだという社員の情熱が、会社の成長を支えるのです」

「おっしゃることは何となくわかります」

「創業者の側近たちは、魅力あふれる創業者から刺激を受け、会社の発展のためにひたすら奮闘する。一人一人が個性的で能力もやる気もあり、いわば野武士の集団のようになっていきます」

「魅力あふれる創業者だからこそ、優秀な人が集まるってことですかね」

「そうですね。創業期というのは社員の人数も少ないですよね。だから側近たちは、創業者から直接、仕事に対する思いを聞くことになりますし、汗水たらして働く創業者の姿を間近で見ることになります。だからビジョンや行動指針がなくても、創業者が何をやりたくて、何を目指しているのかを共有できるのです」

「創業者の姿から感じるのが、一番分かりやすいかもしれませんね」

「ところがです。やがて創業者が引退すると、創業期を支えた側近たち。つまり野武士たちが管理職となって社員を導く立場になります。野武士たちには会社に対する熱い思いがあります。創業者の思いが骨まで染みているので迷いはありません。しかし彼らには、創業者ほどの

カリスマ的な求心力はありません

「仕方ないですよね、だって創業者に憧れてる人たちですから」

大野の脳裏に、ちらりと父の姿が浮かんだ。

「そうです、仕方ないんです。ですが仕方ないでは済まないのが会社ですから、野武士たちは創業者の思いをビジョンや行動指針という形で言語化して、何とか社員に浸透させようとします」

「なるほど」

「しかし今まで創業者から行動で示されてきた想いや価値観を言語化するのは非常に難しいことです。創業者から直接感じ取り、暗黙知として理解してきたことを、どうやって言葉という形式知に落とし込むのか。当然ながら、創業者の想いや価値観を全て反映した言葉というのは生まれにくいでしょう」

「つまり創業者らしさとか、企業らしさみたいなものが薄まっちゃうってことですね」

「そうです。出来上がるのは少し弱い言葉かもしれませんが、それでもその言葉を企業理念とか行動指針として掲げながら、会社は前進していくしかありません。さらに、野武士たちも退職していき、やがて創業時のことを知る人間が、会社にいなくなります」

「思い出話を聞くこともなくなりますよね」

「そうなのです。それでも二代目、三代目と続けば、会社は創業から何十年と経っているので、それなりに規模も大きくなります。そうした大きくて知名度もある会社には、今度は安定志向の社員が集まってきます。彼らは一般的に高学歴で、優秀な人材です。ですが、野武士たちのようなチャレンジ精神は弱い、いわばお利口さんのような人種です。彼らは、与えられた業務を着実に進めていくことには長けています。そういった人材も、会社が成長するフェーズではとても重要になります。ところが環境が変わり、新たな挑戦が求められるようになると、彼らは自ら先頭に立つようなタイプではありません。そんなお利口さん層に対して、野武士的な価値観を前提とした変革を呼びかけたら、どうなると思いますか？」

「困惑するでしょうね。面倒なことには関わりたくない、できることなら現状維持でいたいと、ネガティブな感想を持つかもしれません。社内に温度差が生まれるのではないでしょうか」

マスターの話は、相武と一緒にヒアリングを行った入山課長の話とも重なった。

「言われてみれば、室長の僕だって安定志向の塊だもんなあ。うちの会社はいつの間にか、野武士集団からお利口さん集団になっていたってことですね。変革なんて可能なのでしょうか」

「大丈夫です。だからこそ変革が必要なのですよ。時間をかけて変革の必要性を腹落ちさせ、変わることへの不安を取り除いてあげることで、彼らも強力な味方となります。ただ、お利口さん層に火をつけ、変革に巻き込むためには、インターナルブランディングのやり方を工夫する必要があるでしょう」

「そうか、会社に対する気持ちが冷めているのに、いきなり積極的にアンケートに答えてくれたり、議論に参加してくれたりはしないでしょうね」

「じゃあどうするかです、大野さん」

「マスター、どうしたらいいんでしょうか？」

「それを大野さんが考えるんですよ。後ろ向きな社員たちの意識を変えて、行動を起こさせるようにするには、どんなインターナルブランディングを行えばいいのか」

「いやあ、分からないですね、全然分からないです」

「でもそれを考えて実行するために、組織変革室が立ち上がったわけですよね」

「そうなんですけど。あ、先ほどの野武士理論がヒントになりますか？」

「野武士理論だけでなく、人間のするあらゆることがヒントになると思います」

「はあ」

大野は頭を抱えた。その姿を見て、マスターはにっこり微笑んだ。

「何か答えが見つかったら、またぜひお越しください。話の続き、楽しみにしております」

「ちょっと考えてみます。ところで、マスターは何でそんなに詳しいのですか？」

「まあ、ここに立って色々な方のお話を聞いていますからね。自然とさまざまなことに詳しくなるのですよ」

お会計を済ませて、大野は店を出た。商店街の人通りはすっかり少なくなっていた。自転車のカギを開けて、サドルを跨ごうとしたとき、ふと気になって店の方を振り返った。もしかしたらＢＡＲ ＰＬＡＮＥＴが消えてなくなっているかもしれないという考えが一瞬よぎったからだ。不思議な夜だった。偶然入ったバーで、初めて会ったマスターから組織変革の話を聞いた。あのマスターは何者なのだろうか。もしかして狐にでも化かされたかなと大野は思ったが、振り返るとＢＡＲ ＰＬＡＮＥＴはちゃんとそこにあった。近いうちにまた来よう。でもその前に、マスターからの宿題の答えを見つけなくては。

自転車を漕ぎ始めた大野は、自分が全く酔っていないことに気付いた。そういえば、２杯目のビールにはほとんど口をつけていなかった。

解説

インターナルブランディングとは

主人公の大野たちは、インターナルブランディングという言葉にたどり着きました。インターナルブランディングとは、文中にもある通り、企業ブランディングのステップのうちの一つとして発展してきた考え方です。

企業ブランドの方向性を定め、その考え方を社内に浸透させていく。その過程で、第2章で紹介したような、組織風土に問題を抱えるケースを解決していくことができる方法論として注目を集めました。

少し概念を広げると、企業理念の浸透や、ビジョンやウェイの浸透という名前の活動も、ほぼ同じ目的で行われるものと言ってよいと思っています。

一般的なインターナルブランディングは、①企業ブランド規定、②認知拡大活動（社内キャラバンの実施、ブランドブックの制作など）、③自分ごと化活動（クレドなど行動指針への落とし込み、部署ごとにわかれてのワークショップ型研修など）、④定着化活動（ブランドアワードなど評価の仕組みづくり）の４段階で行われます。

インターナルブランディングの４ステップに必要とされる期間も、企業によって異なりますが、多くは1年程度の期間をかけながら、ステップ③までを進め、以降は④を継続していくというのが一般的です。

①ブランド規定段階では、いかに社員が共感し、今後の方針として企業の競争力の源泉になりうる方針を作れるかがポイントになります。この段階で、最大公約数的なビジョニングになってしまうと、その後の求心力が落ちます。

②の認知拡大活動では、社員にどれだけきちんと聞いてもらえるか、イメージを共有できるかがポイントになります。そのために物語形式のブランドブックを作ったり、少し前にはムービー形式でメッセージを発信したりすることが流行りました。

③の自分ごと化段階では、一人ひとりが企業ブランドを自分の仕事と照らし合わせてきちんと語れることと、中間管理職が違うことを言い出さないようにする（例：会社のビジョンを語る前に、今期の数字をきちんと作ってからモノを言え等）ことが何よりも重要です。

④の定着化段階では、評価の公正さと、評価された理由の共有が必須です。

この部分だけで本来は一冊の本が書けるほど、ノウハウとポイントがあるのですが、何よりも大きなポイントは、プロジェクトチームへの負荷が非常に大きいということです。北電機では、この4ステップを意識・理解したうえで、よりダイナミックに組織を動かす最新の考え方を取っていきます。これはどちらが良いということではないですが、やり方自体を時代に合わせて見直しながら、最適な方法を探していく必要があります。

KEY LINES

「創業者の側近たちは、魅力あふれる創業者から刺激を受け、会社の発展のためにひたすら奮闘する。一人一人が個性的で能力もやる気もあり、いわば野武士の集団のようになっていきます」

コンサルティングのご相談を頂いてヒアリングをしていると、かなりの頻度で出てくる言葉がこの「野武士」である。これは役員の方から出ることが多く、自社の「らしさ」を表す言葉として挙げられるが、その後に「昔は多くいたんだけれど、最近は失われてきてしまった」と続いていく。

これは業態を問わず、食品の会社でも、不動産でも、ＩＴ企業でも、エンターテイメント企業でも聞かれるので、企業特有の概念というよりは、企業のステージによってある時期集まってくる人のタイプを指すようである。一方、規模が大きくなった組織では、野武士型の社員ばかり集まっていると逆に業務が上手く廻らなくなることもある。にもかかわらず、この野武士時代の人たちが、それを若い世代に同じように求めようとすると、ギャップが生まれてしまい、双方にとってうれしい結果にはつながりにくくなる。世代を超えて議論が必要な要注意点だ。

【一般的なインターナルブランディングのステップ】

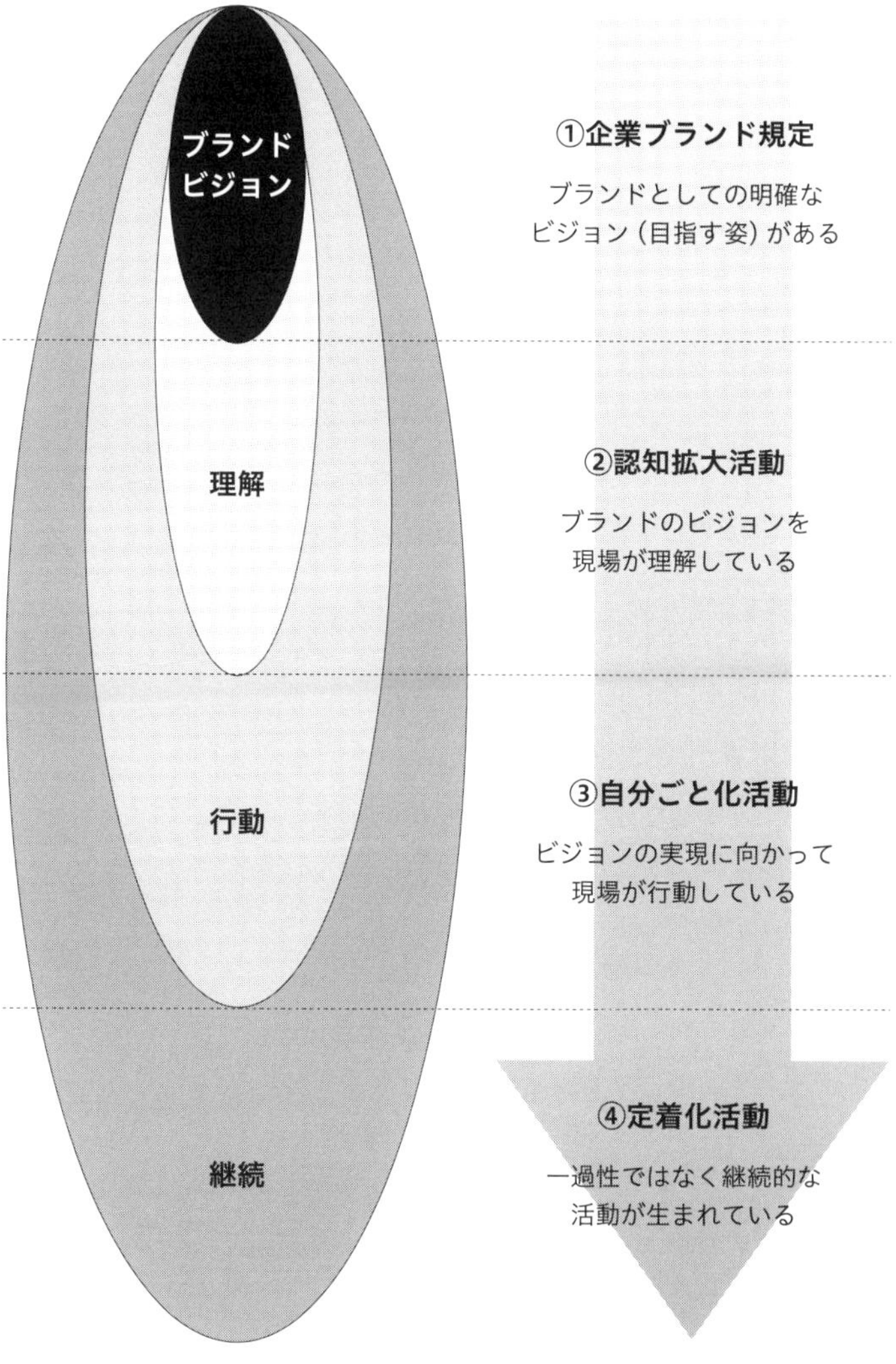
ブランド
ビジョン
理解
行動
継続
①企業ブランド規定
ブランドとしての明確な
ビジョン（目指す姿）がある
②認知拡大活動
ブランドのビジョンを
現場が理解している
③自分ごと化活動
ビジョンの実現に向かって
現場が行動している
④定着化活動
一過性ではなく継続的な
活動が生まれている

INTERNAL BRANDING

第4章

シンボリックファクトを作る

北電機の社員数は非正規社員も含めて1000名に満たないくらいだ。これは子会社である北ソリューションズの社員も含めた人数であり、正社員と非正規社員の比率は6対4程度である。かつてはほとんどが正社員だったが、現社長が就任してから、人件費削減を目的として工場勤務を中心に非正規社員を増やした。

本来であれば契約形態など関係なく、組織変革室がこれから行っていくことをみんなに理解してもらって、一緒に歩んでいくのがベストだが、1000名の納得と協力を得る必要があるのかと考えると大野は頭が痛くなった。

「まずは正社員の600名から巻き込むか。でも600名だって相当な数だよなぁ」

思わず声が出てしまう。BAR PLANETのマスターは、帰り際にこう言った。

「たった一人を動かすんじゃないんですよ。集団を動かすにはどうすればいいのか。それを大野さんが考えるんです」

マスターはヒントをくれたものの、答えは教えてくれなかった。ケチだなぁと思ったけれど、そもそもこれは大野が勤める北電機の問題であって、マスターには関係のないことだ。それなのに大野の愚痴に近い話に根気よく付き合ってくれたのだ。感謝するのが当然だろう。しかし、いくら考えても答えが出ない。

BAR PLANETに行った次の日、相武にマスターの話をしてみた。相武はマスター自体を信用していないようだった。

「さすがに言いふらされるとは思いませんが、社外の人にそんなにペラペラしゃべっていいんですか？ そのマスターって信用できるんですかね」

「いや、ちゃんと伏せるべきところは伏せたし、マスターは信用できる人だと思う」

「大野さんはお人好しだから、誰でもすぐに信用しちゃうでしょ」

「そうかな」

「でもその野武士理論というのは納得です。たしかに現在の北電機を表しているなって思いました」

「マスターがどうやって野武士理論を考えたのか分からないけれど、話を聞いていると妙な説得力があるんだ」

「そうですね。そして私たちが考えていたように、新しいビジョンや行動指針を作るだけではダメなんだということも理解できました」

「インターナルブランディングの定石と言われているのにね。ビジネス書なんかにも書かれているけど、それだけを鵜呑みにしちゃいけないってことだね」

「会社によっていろんな事情がありますから。北電機には北電機に合ったインターナルブランディングがあるんでしょう。でも、それならばどうするかですよね」

「創業者の求心力を超えるような何かってあるのかな」

「北里社長だって、決してダメな経営者というわけではないと思うんですよね。そりゃリストラはしたけれど、それは北里社長の責任というより、清会長に代わってやったようなものですよね。実際に業績も回復したわけだし」

「僕もそう思う。そこをはき違えて北里社長のことを悪く言う社員もいるけど、それは違うよね」

「負債をコツコツ減らして会社を潰さないところまで立て直したのは、やっぱり北里社長なんですから」

大野は宙をにらみながら、靄のかかった頭の中身を言葉として形にしようと試みた。

「なんかカリスマってさ、ものづくりとか発明のイメージが強くない？」

「特にうちは製造業だから、開発に携わっている社長という方が、何だかカリスマ感がありますよね」

「北里社長は営業出身でしょ。僕の親父は清会長と一緒にものづくりをした人だし、創業者のこともよく知っているんだよね。親父の清会長や創業者に対する尊敬の念というか忠誠心って相当なものがあるよ。親父なんかは、清会長と会社に泊まり込んで何日も仕事したって話を、昨日のことのように話すからね」

「古き良き日本のものづくりの現場を絵に描いたようですね」

「そういえば北里社長はなぜ技術者にならなかったんだろう？」

「前に取材で聞いたことがありましたけど、やっぱり偉大な先代二人には敵わないと思ったそうですよ。大学は工学部だったんですけど、そこで自分の才能の無さに気付いたらしく、それならマネジメント面で北電機に貢献しようと、アメリカの経営大学院に進んだそうです」

「ふーん、知らなかったな」

何か案が出るわけでもないが、二人は休憩時間に会議室に集まり、昼食を食べながらあれこれと話し合った。

妻の明日香の作る弁当は質実剛健といった感じで、全体的に茶色い。こういうのを映えないというのだろう。それでも大野は、明日香がつくってくれる弁当が大好きだ。一方の相武は料理が苦手だから自炊はほとんどしない。大野が見ても、栄養が足りているのか心配になるような小食で、いつもコンビニのサンドイッチ1個程度で昼食を終えている。ダイエット中だと言うが、それが常態化しているように思えた。サンドイッチを片手でつまんでさっと食べ終わると、パソコンを開いて、こんな事例がある、あんな事例があると話してくれた。

どの事例も凄いなとは思うけれど、何を聞いても他人事のように思えてしまう。早く北里社長に今後の方針を伝えたい、でも考えがまとまらない。

「あ、今日は娘のお迎えがあるから、定時で帰ります」

「わかりました、お疲れさまです」

「相武さんも、あんまり根を詰めないように」

そう言い残して大野は、空の弁当箱を抱えながら会議室を出て、人事部のフロアに戻っていった。

冬の弱々しい西陽に照らされながら、大野は娘の美香が通う保育園に向かって自転車を漕いでいた。集団を動かすには何が必要なのだろう。創業者が持っていたような求心力を生むにはどうすればよいのだろう。ぼんやりと考えていたら、答えが出る前に保育園に到着してしまった。

美香の通う保育園は、運動場が広くて遊具も豊富にある。運動場を横切って園舎に向かうと、窓ガラス越しに室内がよく見える。そろそろお迎えの時間だからだろうか、美香はおもちゃを片付けていた。時折、仲良しの先生に話しかけられ、大きな笑顔を見せている。

大野はふと疑問を抱いた。ずっと考え事をしていてアンテナが敏感になっていたので、普段は何とも思わないような現象にまで反応できたのかもしれない。自宅では、美香は遊んだおもちゃをそのまま放っておくことが多く、妻の明日香によく怒られている。今のように自分から喜んで片付けている姿を見たことはない。

大野は運動場側からしばらく美香の様子を観察していた。おもちゃ箱に向かって走る美香は、遊んでいるかのようにニコニコ笑っている。この違いはなぜだろう。気になった大野は、先生に話しかけてみた。

「こんにちは、先生」

「あ、美香ちゃんパパ。こんにちは。美香ちゃん、お迎えだよ」

大野が視界に入った美香は、「パパ！」と大きな声で叫び、急いで通園カバンを取りに走っていった。

「先生、ちょっと聞いてもいいですか？」

「なんですか？」

「今、美香が凄く楽しそうにおもちゃを片付けていたように見えたんですけど」

「そうですね。美香ちゃんは、とってもお片付けが上手ですよ」

「意外だな。自宅では妻に怒られるまで、全然片付けないんです」

「そうなんですか」

「なんで保育園のお片付けは楽しくできるのでしょうか？」

「それはきっと、お片付け大賞があるからでしょう」

「何ですか、それは？」

先生の話によると、お片付け大賞という取り組みが始まったのは2ヶ月前のことだった。それまで保育園の先生たちは、いくら言ってもおもちゃを片付けない園児たちに悩まされていた。おもちゃ置き場に、「ちゃんとかたづけよう！」と張り紙をしても、効果がなかったという。遊びたい盛りの園児たちだ、少し前に片付けたと思ったら、またすぐにおもちゃを引っ張り出して遊ぶ園児もいる。そこで先生たちは、どうすればお片付けを習慣にできるのか、毎日話し合ったそうだ。

そうして始まったのが、お片付け大賞だという。一日の終わりに、片付けがちゃんとできた園児をみんなで褒めるというもので、「今日は◯◯君が一番かっこよく片付けできたね。みんなで◯◯君かっこいいって拍手しよう！」と声を掛け、みんなで拍手を送るそうだ。毎週末には、その週で一番お片付けを頑張った園児を「お片付けマスター」と称して、折り紙で作った小さなメダルを渡しているのだという。園児たちは、その小さなメダルが欲しくて、片付けを頑張る。何度も表彰されている園児は、他の園児たちから見れば憧れの存在で、片付けの時間になると、率先してみんなに声を掛けて、片付けに励んでいるという。

その影響を受けてか、美香も自分なりに片付けを頑張るようになったらしい。まだメダルをもらったことはないが、その日も近いのではないかと先生は話す。

「やっぱり怒ってばっかりだとダメなんですね」

「そうですね。美香ちゃんは褒められたい、メダルが欲しいという気持ちでお片付けを頑張っています。でもまだメダルをもらえていないので、上手だよとか、積極的に声を掛けるようにしています」

「誰かに褒められたら、大人だって何でもやりたくなるもんな・・・。そうか、それだ」

通園カバンをかけて、美香が走り寄ってきた。

「パパ、おうちにかえろ」

「よし、帰ってご飯つくろう。美香、先生にごあいさつして」

「はーい。なみえせんせいさようなら」

「美香ちゃんさようなら。また明日ね」

美香を自転車のチャイルドシートに乗せ、自宅に向かって走り出す。美香は童謡を歌ったり、保育園であったことを好き勝手に話したりしている。そうだねと返事をしながらも、大野の頭の中は忙しかった。お片付け大賞をアレンジして、インターナルブランディングの起爆剤にできないだろうか。そう思うと居てもたってもいられず、ペダルをこぐ両足にも自然と力が入った。


美香が楽しみながら片付けに励む姿を見た次の日の夜、大野はBAR PLANETを再訪した。開店時間は19時だ。今日は遅くなるから夕飯はいらないと、明日香には伝えてあった。

「それなら美香と一緒に、ご飯食べに行っちゃおうかな」

「行ってきなよ。そのほうが楽でしょ」

「駅前に小さな洋食屋さんがあるでしょ。あそこは子ども連れでも気を使わなくてありがたいの。ホールに出ているお母さんが美香にも話しかけてくれるし、味もいいから気に入っているの」

お片付け大賞のことを明日香に話すと、これからはあまり怒らないようにすると少し反省しているようだった。保育園だけでなく自宅でもお片付けが褒められると認識したら、美香は本当にお片付けが大好きになるかもしれない。

ＢＡＲ ＰＬＡＮＥＴの看板に灯りがともったことを確認し、大野は重たい扉を押した。看板を出したばかりで、カウンターの中にも入っていなかったマスターは驚いたように振り向いた。

「こんばんは。そろそろいらっしゃるのではないかと思っていましたよ」

「こんばんは」

大野はカウンターの真ん中の席に腰かけ、ビールを注文した。マスターがビールを用意してくれるのを眺めながら、大野は待ちきれないとばかりに話し始めた。

「マスター、この間マスターは僕に宿題を出されましたよね」

「どうやって人の心を動かすのか、ですね」

「そうですそうです。僕は最初、ビジョンや行動指針を作成して、みんなに見てもらえたら自然と浸透するのではと思っていましたが、やっぱり言葉だけじゃダメなんだと思ったんです。言葉だけでは、人の心は動かすのに十分ではないと」

「ほほう」

「マスターの話していた野武士理論の中に出てくるように、野武士のような社員を育てるのは、カリスマ性を持った創業者ですよね。つまり創業者の圧倒的な求心力があってこそ、野武士のような活発に動く社員が育つ」

「その通りです」

置かれたグラスを見つめながら、大野はマスターの教えに重ねて、自分が気付いたことを言葉にしてみた。

「カリスマ性を持った創業者の一挙手一投足に、野武士社員たちは影響を受けて成長していくわけですけど、おそらく、おそらくですよ、これは僕の考えなんですけど、創業者が口にしてきた行動指針になるような良い言葉、これを他の人が言ったとしても、同じように社員たちは影響を受けないだろうと思うんです」

「なるほど」

「自分が尊敬している創業者から言われた言葉だから響いたんだと思うんです。仮に他の会社の社長さんに同じことを言われたとしても、その有難みは全然違ったと思うんですよね」

「何を言うかより、誰が言うか。創業者という実態があったからこそ、言葉が響いたということですね」

「そうですそうです」

「大野さんのおっしゃることは、間違っていませんよ。だいぶ核心に迫っていると私は思いますね」

大野は一瞬、マスターの顔を見た。マスターは少しだけ微笑んでいる。大野は先日、美香の保育園で見た話をマスターに話した。片付けが苦手な美香が嬉しそうに片付けをしている姿を見て、ヒントが得られたような気持ちになったこと。お片付け大賞をアレンジして、北電機でも何かできないかと考えていることをマスターに伝えた。

「そこで考えたんですけど、求心力って創業者だけが持てるものなんでしょうか？」

「と、言いますと」

「創業者だけでなく、例えば優秀な社員とか、もっと言えば自社商品とか、人以外のものにも求心力を持たせることができたら、カリスマ的創業者がリタイアしてしまったうちの会社にも、何かしら求心力を持たせることができるんじゃないかなって思ったんです」

「なるほど」

「いくら美しい言葉を並べても、それが実行されていなかったり、何も成果が出ていなかったりしたら、絵に描いた餅ですよね。逆に何かしら成果が出ていたら、なるほどなって納得できるし、やってみようと誰もが素直に思えるんじゃないかと」

「そうですね。実際に活気のある組織というのは、社員にビジョンや行動指針が浸透しているのは無論のこと、それを体現する人や物、つまり何かしらのファクトが存在していて、ファクトドリブンで社員の意識が変わっていくのです」

「ファ、ファクトドリブン？」

かれこれ1時間は話し込んでいるのに、BAR PLANETには大野以外の客はいなかった。ここを訪れるのは今回が二度目だが、全くお客がやって来ない。マスターは寂れたバーだと言ったが、たしかに外の世界とは切り離されたような静かな時間が流れている。その静かな時間の中に、大野の声だけが響いている。大野がどんなに大笑いしても、マスターは静かな声でぼそぼそと話し続ける。

「マスターと話していると、聞いたこともない言葉がいっぱい出てくるなあ」

「大丈夫ですよ、あまり世間に出回っていない言葉ですから。ファクトとは事実とか、実際に起きた出来事といった意味ですよね。ドリブンは、その事実を起点としたといった意味でしょうか」

「あんまりカタカナ語は詳しくないんですけど、要するに言葉とかイメージとかじゃなく、確かなものがないと人は突き動かされないってことですよね」

「はい、その通りです」

「娘の美香もお片付け大賞で表彰されている友達の姿を見て、自分もお片付けを頑張ろうって思った。友達がメダルを持っている誇らしげな姿は、お片付けが苦手な美香にとっては、目標とすべき姿として映ったはずです。友達が成功事例になった。だから自分も頑張ろうと思えたわけですよね」

「そうですね。娘さんにとって求心力のあるファクトです」

「でも家では、お手本になる友達がいない。ママに怒られることはあっても、褒められることは少ない。だから自宅で片付けをやってもつまらないと思ったんだろうな」

「そうでしょうね」

「だとしたら、うちの会社でもファクトドリブンで社員の意識が変わるように、頑張った人とか優れた取り組みを表彰をしたらどうでしょうか？」

「例えば社長賞とか、アワードのようなものをお考えですか？」

「はい、うちの会社は久しく新製品の開発を行っていなかった。事業そのものが内向きになっていたこともあって、ここ数年は新しいことに何もチャレンジしていません。でも売り上げ増加に貢献したプロジェクトとか、新しい取引先を開拓した社員とか、どんなことでもいいから表彰するんです」

「たしかに、会社として人や部署の行いを高く評価することで、成功事例を示すことにはなりますね。成功事例を具体的に示すことで、自分にもできると考える社員も出てくるでしょう」

「す、凄い、マスター、僕ついに思いつきました！」

興奮で目を輝かせている大野に向かって、マスターは制するように掌を向けた。

「いや、喜ぶのはまだ尚早かと思います」

「え、そうなんですか？」

「社内でアワードを行うのは、インターナルブランディングの施策として有効でしょう」

「そういえば、インターナルブランディングを最初に言い出したのは、相武さんだったな」

「相武さんとは？」

「僕と一緒に組織変革を行う社員です。僕にとってはたった一人の仲間なんです」

「その相武さんという方は、かなり勉強熱心なお方のようですね」

「そうなんですよ。凄く頭のいい人で、情報収集力に長けているんです。それでこの間のミーティングで、僕たちが進めようとしていることは、インターナルブランディングなんだって教えてくれました」

「おっしゃる通りですよ。ただ、単純にアワードを開催するだけでは、人の心に火をつけるような出来事にはならないと思います」

「アワードを開催するだけではだめなんですか？」

「はい、おそらく」

　大野はしばらく黙って考えてみた。マスターはすっかりぬるくなったビールを下げて、お酒が苦手な人向けに最近考えたというオリジナルカクテルを出してくれた。数種類のリキュールを混ぜてトニックウォーターに数滴垂らしたもので、複雑な風味が思考を刺激してくれるような気がした。何よりアルコールが薄めなのが大野にはありがたかった。

「審査基準を工夫したほうが良いでしょうね」

「と、言いますと？」

「例えば今期の売り上げを増やしたとか、何か目立つ働きをしたとか、どこの会社でも認められるようなことを表彰しても、あまり意味がないと思います。それよりも審査基準を会社の未来につながるような、ビジョナリーなものにするほうが良いでしょう。つまり斬新な発想がある人とか、未来の指針になり得る行動を起こした人とかです」

「そうすると、どうなるんですか？」

「よく考えてください。そのアワードで表彰するのは、未来の会社に必要なことをやっている人や部署です」

「マスターの言葉を借りれば、ビジョナリーな人ってことですね」

「未来の会社に必要なこと。つまりこれから会社がやるべきこと、どう変わっていくべきなのかということの象徴となるようなことを表彰するのです。それが人であったり、仕事や物であったりはさておき、評価することで会社の将来の方向性を示すことができると私は思います」

「そうか。会社がこんな風に成長していきたい、こんなことをやりたいと思うことを、表彰するという形でわかりやすく提示してあげればいいのか」

「その通りです。いきなり全社員の意識を変えることはできませんが、アワードに感銘を受けた人から火がついて、会社が少しずつ変わっていくはずです」

今度こそ解決策が見えたと高揚した大野だったが、ふと同期の橋本や入山課長の顔がフラッシュバックされ、興奮が静まっていった。

「そうか、でもなぁ」

「何か問題がおありですか？」

「マスター、僕が思い出せる限りのことで話しますけど、正直言ってアワードを開催したからといって、表彰できることが見当たらないんです。ここのところ会社は全然新しいことをしていないですから。もしかしたら僕の知らないところで、地道に何か新しいことに取り組もうとしている社員がいるかもしれないけれど、そんな話も聞かない」

「大野さん、何を表彰するんでしたっけ？」

「え、未来に向けた取り組みです」

「だとするならば、大野さんが新しいことを生み出せばいいんじゃないですか？」

「僕がですか？」

「シンプルなことです。現状として表彰できるほどのことがなければ、創造してしまえばいい。つまりファクト創造型のインターナルブランディングを実施すればいいのではないでしょうか」

「また新しい言葉が出てきましたね。ファクト創造型か、何だか難しそうだな」

「大丈夫ですよ、大野さんには優秀なパートナーがいらっしゃるそうですし」

「相武さん？ もちろん彼女は優秀ですけど」

「相武さんだけでなく、少しずつ周囲の方を巻き込んで、みなさんで考えるのです。大野さん一人で判断して実行しろなんて、社長は一言もおっしゃっていないのでしょう？」

「そうですね。僕はつい自分だけで抱え込んでしまいがちだな。ダメですよね、たった一人で会社を動かすなんて土台無理な話だ。みんなで動かしていけばいいんですよね。明日、相武さんに早速相談してみます」

大野はマスターが出してくれたカクテルを一気に飲み干した。


大野と相武は、組織変革室に与えられた小さな会議室に集まっていた。

大野は昨晩マスターに聞いたファクト創造型のインターナルブランディングについて説明した。

「たしかにそうですね。過去の成功事例や取り組みをいくら評価したって意味ないかも。この会社ですでに実施されたことなんてたかが知れているし、それを引っ張り出してきて評価しても、そこから新しい取り組みにつながってくとも思えないですよね」

「そうなんだよ。アワードで評価するためには、独自性とか今まで北電機がやったことがないような新しい取り組みでないといけない。でもアワードを実施すること自体が真の目的ではなくて、北電機の姿勢というのかな、これからどんな方向に進んでいくのかという象徴になればいいと思うんだ」

「例えば20代の若い社員が、そうした場で堂々と自分の意見を主張できたりすると、管理職クラスの社員もちょっと驚くんじゃないでしょうか」

「今までは上司の意見を大人しく聞いていたような若手が、普段の業務から少し離れた場で積極的に意見を発表できる場も、今までなかったよね」

「私なんて広報部で部長にも課長にもにらまれているんで、相武さんはどう思うかって聞かれたこともないですし、何か言おうとすると空気がピリピリしちゃって、遠慮なく意見できるような雰囲気じゃなかったですもん」

「それはひどいね」

「昔気質な会社なんだと思いますよ、北電機は」

相武ほどではないけれど、大野が所属している人事部も状況はさほど変わらない。ミーティングの場で話し合われる議題について意見はあるかと聞かれても、誰もほとんどしゃべらない。大半のミーティングは業務連絡に終始している。

「マスターはインターナルブランディングを進めていくために、シンボリックファクトっていうものが必要なんだって言っていた」

「シンボリックファクト？」

「文字通り象徴的な事実とか実態ってことだけど、このプロジェクトを推進させていくために求心力となるものが必要なんだって」

「私たちのインターナルブランディングを象徴するような何かってことですね」

「そう。相武さんが以前に言っていたけれど、社員にどのような思いを持たせたいのかを決め、企業理念や行動指針といったものに言語化する。それをブランドブックなどのツールにまとめて社員に配布し、ワークショップなどの場で繰り返し伝えることで浸透させていくというのが、インターナルブランディングの定石だったよね？」

「はい。でも定石どおりに進めていくんじゃ失敗するって話になりましたよね」

その問いを待っていたとばかりに、大野は自信に満ちた声で返した。

「その通り。でもそれが間違っているわけじゃないんだ。企業理念や行動指針のように、自分たちの思いを言語化することは大事だと思う」

「いわゆるビジョンワードみたいなものですよね」

「そのビジョンワードは必ず作りたいと思っているんだけど、言葉で示すだけじゃ足りないんだよ。インターナルブランディングを進めていくために、組織変革室がどんなことをやって、それがどのように社内に反映されて、自分たちの働き方とか会社に対する思いが変わっていくのかってことを、根拠となるファクトを持った上でちゃんと示さないといけないと思う」

「大野さん！」

「何？」

「何て言うのか、組織変革室の室長らしい力強い発言でした。ちょっと頼もしくなられたんじゃないですか？」

「え、つまり相武さんは今までの僕が、全く頼もしくなかったってこと？」

「あはは、そう聞こえたらすみません」

相武は大きな声で笑った。フロアの一番奥の目立たない場所にある組織変革室だが、通り過ぎる社員が聞いたら驚いてしまうだろう。

「ちょっと相武さん、笑いすぎ」

「すみません、おかしかったもので」

毎日のように昼休憩の時間に集まり、二人でいろいろな話をしてきた。自分で言うのもなんだが、自分と相武は性格も違うがお互いに足りないところを補うような関係性が築けていて、コンビとしての相性は悪くないと大野は思っている。

「最近社内が活気付いているなとか、騒がしいなみたいな感じに思ってもらえて、今思い返せばあの時くらいから社内が少しずつ変わっていったね、と後々言ってもらえるような、シンボリックなことをやりたいんだよね」

「そうですね。でもじゃあ誰に協力してもらうかですよね」

「そこだよね」

「大野さんが話を聞いた社員も、営業の入山課長も、結局みんな現状維持がいいと思っていたし、北電機に期待すらしていない。そういう人たちに協力してもらうのは無理じゃないですか」

「何か新しいことを仕掛けていくということでいえば、経営企画部や開発部なのかもしれないけれど、正直言って期待できないと思う」

「私のところも無理でしょうね。何といっても私は広報部のお荷物ですから」

「自分でそんなこと言うもんじゃないよ。広報部がどう思っているかわからないけど、相武さんは組織変革室の優秀なメンバーなんだから」

「まあ大野さんだけじゃ頼りないですから」

もう慣れたやり取りで、大野は思わず口元に笑みを浮かべた。

「またまた、ひどいこと言うな。でも、ということは人事部しかないか」

「そうなりますよね、大野さんからお願いできますか？」

「うーん、業務以外の時間を使って協力してもらうことになると、人事部としてのメリットがないと難しいかもな」

「人事部が時間を割いて取り組んで良かったと思えることですね」

「そう。人事部としての新しい取り組みを提案して、その提案を実行していくために組織変革室が協力すると言ったら、一緒にやってくれるかもしれない」

「人事部の人が改革してもらって喜ぶことって何だろう？」

「もうそれは採用に尽きるんじゃないかな。人事って現在勤めている社員たちの労務管理とかそういう仕事もあるけど、やっぱり毎年人材集めには苦労しているからね。どんどん売り手市場になってきてるし、北電機の人気は落ちている。なるべく大勢の人に面接を受けてもらって優秀な若手を採用したいけど、けっこう難しいんだよ」

「事業で何か目立った動きがあると、ニュースなんかで取り上げられて、就活生の目にも留まりやすいんですけどね。ここ最近、うちは本当に広報することがないからなぁ」

そこまで話が進んだところで、昼休憩の時間が終了した。

「そうだ、明日の仕事が終わった後に、良かったらのマスターのところに行ってみない？　美香のお迎え担当じゃないから、僕は行けるんだけど」

「マスターって、BAR PLANETですか。いいですよ、大野さんがあまりにマスターの話をするから、私も興味あったんです。それにそのマスターが本当に信用できる人かどうか、大野さんのチェックだけでは信用ならないですからね」

「ひとこと余計だよ。でも僕も不思議なんだよね。バーのマスターがどうして組織変革とかビジネスのことに詳しいのか。だから相武さんにも紹介して、相武さんの眼力でマスターを見てみてほしい」

「わかりました」

「じゃあ明日の19時半にここに来て。駅前の商店街の中だから、すぐわかると思う」

そう言って大野はＢＡＲ ＰＬＡＮＥＴの場所を教えた。

その日の午後、大野は人事部の藤野部長に、組織変革室と合同で採用促進の起爆剤になるようなプロジェクトを立ち上げたいと相談してみた。３月から始まる企業説明会まであと1カ月程度だから、大がかりなことはできないかもしれない。しかし何もしないで前年比を割ったら人事部長として立つ瀬がないのではないかと、痛いところをやんわりと突いてみた。

近年の北電機は毎年20名前後の新卒を採用している。近年は収益が伸び悩んでいることもあり、求人広告を打つ予算が潤沢にあるわけでもなく、採用には毎年苦心していた。人事部社員はみんな真面目に働いてはいるものの、何かを変えてやろうと積極的になる者がいないため、現状維持の採用活動が続いていた。

大野が北里社長に組織変革室の室長を任命されたとき、異動の話を最初に聞いたのはおそらく藤野部長だ。北里社長が言い出したことに協力的な社員だという姿勢を見せるためにも、組織変革室と何かプロジェクトを実施することは有効だと思うし、目立った動きを見せない人事部の社員だけで考えていても、毎年同じことの繰り返しでしかない。藤野部長は大野が想像していた以上にすんなりと、この協同プロジェクトを快諾した。

組織変革室が立ち上がって1カ月。そろそろ北里社長に進捗を連絡しておきたいと考えていた大野に、「北里社長には私からお伝えしておく」と藤野部長は言った。部長もここぞとばかりにアピールしておきたいのだろう。大野は「ありがとうございます」と頭を下げた。

相武よりも先にBAR PLANETに到着した大野は、マスターにこれまでの経緯を伝えた。開店の19時にすぐに来店したせいもあるが、今日もお客は一人もいない。毎度のことだが、この店は潰れないのかと心配になる。

「そうでしたか。ファーストペンギンが見つかって良かったですね」

「ファーストペンギンって何ですか？」

「簡単に言ってしまえば実験台第1号ですよ。これから本格的に進めていくインターナルブランディングでは、さまざまプロジェクトが実施されるでしょう。この採用活動におけるプロジェクトがその第1号となって、社内に意義を示す存在になるんです」

「実験台ですか」

「人事と大野さんの小規模なチームで行うのなら、個々の動きも把握しやすい。プロジェクトがどのように進んで、どんな課題が生まれるのか。流れをしっかり追うことで、さらに大きなプロジェクトを進めていくときに役立つヒントがたくさん得られるはずです」

「そうですね。よし、このよちよちファーストペンギンをとにかく成功させなくちゃ」

「その調子ですよ」

大野とマスターの話が盛り上がっていたところへ、静かに扉を開けて相武が入ってきた。

「こんばんは」

「いらっしゃいませ」

「マスター、彼女が相武さんです」

「お話は大野さんから聞いておりました。想像していた通り、いやそれ以上にお美しい方ですね」

「大野さん、私褒められました」

「よかったね」

相武は大野の隣に座って、ウイスキーの水割りを注文した。

「相武さんって、けっこうお酒強いんだね」

「まあたしなむ程度ですけど」

毎日のように顔を合わせて話をしているけれど、相武のプライベートのことはほとんど分からない。パソコンの待ち受けが飼い猫の写真で、その猫の名前が黒丸ということがようやく分かった程度にしか知らない。同じ会社に勤めていても、そんなもんだよなと大野は思った。

「相武さん、いま人事部に協力してもらって何かできないかって話をしていたところ。採用に関連したものがいいってことは話したんだけど」

「そうでしたか。なんかすみません。大野さんがうちの会社の内情をペラペラとしゃべっているみたいで」

「お構いなく。バーとはそういう場所ですよ。ここで話されたことはバーの外では口外禁止。ですからみなさん、本当にさまざまな話をなさいます」

「みんな利害なく話せる場所が欲しいんですよね、きっと。あ、でもマスター、僕がこの店に来ているとき、僕以外のお客さんがいたことないんだけど」

「おや、そうでしたか。大野さんは貧乏神なのかもしれませんね」

「僕が悪いんですか？」

大野があまりにもすっとんきょうな声をあげたので、三人は顔を見合わせて笑った。

「大野さん、相武さん。人事部と協力して何か新しい取り組みを打ち出すことは良いと思います。しかし取り組みを象徴するようなビジョンワードを決めておくこともお忘れなく。それがないと、活動の目指す方向性がぼやけてしまいます」

「ビジョンワードって、人事部で実施する取り組みに対するビジョンワードですよね」

「それだけではありません、お二人の活動全体に関わるものです。これからインターナルブランディングを進めていくなかで、今回決めたビジョンワードが下敷きとなって、新しい企業理念などが生まれていくかもしれません。ですから、会社が持つ価値観や理想を言い表せるようなものだといいでしょう」

「自分たちの目指しているもの、思いなどが伝わるものですね」

大野と相武は、しばらく考えてみた。北電機の価値観と言われてもピンとはこない。

「相武さん、うちの企業理念って分かる？」

「もちろん、点滴穿石です」

「小さな努力をコツコツ重ねていけば大きな実りになるって意味なんだけど、これって分かりにくいよね」

「まあ若い社員にとっては、四字熟語ってピンと来ないような気がします」

「漢字も難しいしね。何て読めばいいのか、フリガナがないと読めないよね」

「はい、私も最初読めなかったです」

マスターはペンを持ち、伝票用紙の裏に点滴穿石と書いた。二人はその文字をじっと見ている。

「自分の会社の企業理念なのに、どうしてこんなにピンとこないんだろうね」

「コツコツ努力してないからかもしれませんね」

「冗談にもならないよ」

「毎日会社で働いていても、企業理念を意識することなんてないですよね」

「そうだね。せいぜい社長室に行ったときくらいじゃない？　ほら、社長の椅子の後ろに大きな額縁に入った書があるよね」

「なんだか古臭いし、それこそお飾りですよね。企業理念が社員と共に歩んでいるって感じがしないですもん」

「企業理念が社員と共に歩んでいるかぁ。相武さん、凄くいい言葉だね」

「そうですか？」

「私もそう思いますよ。ビジョンワードというのは、創業時から大切にされてきた価値観を表しているのはもちろんですが、今の会社が目指す方向性を反映したものでなくてはなりません」

「つまり、会社が変わればビジョンワードも変わる必要があるってことですか？」

二人は同時にマスターを見た。

「そうですね。全てを変える必要はありませんが、新しい要素を足したり、解釈を少し変えてみたり、時代に合わせてアップデートすることは必要でしょう」

「なるほど」

「お二人が今回採用プロジェクトを立ち上げるのはとても良いことです。ただ、その目的は社員に対して会社の目指す方向性を示すためのファクト創造だということをお忘れなく。思いついたことをやみくもに実施しても、インターナルブランディングの成果は出ません」

「おっしゃる通りだと思います」

「目的から逸れないようにするためにも、まずはビジョンワードを設定し、ビジョンワードが言い表す価値観に沿ったプロジェクトを設計する必要があります。言葉と行動が一致していないと、インターナルブランディングにはなりません」

「言行一致か、たしかに言葉と行動が一致している人って信頼できますもんね。会社も同じなんだろうな」

「こうした価値観を持ち続けたい、こんな理想に向かって進みたい。そういった思いを具体化していくために行動しているのだと、社員のみなさんに分かって頂かないといけませんね」

「でも、そんな言葉をどうやって選べばいいんだろう」

マスターは二人にペンと伝票用紙を渡した。

「大野さんと相武さんは、お二人の会社が大切にしてきたこと。例えば、一昔前に勢いがあったときの会社のウリは何だったとお考えですか。ちょっと書いてみてください」

北電機が大切にしてきたこと。それは言い換えれば北電機の価値観と言えるだろう。「技術力」「職人魂」「真面目」「誠実」「創造性」「先駆的」「ものづくりに本気」など、二人は思いつくままに書いていき、ポストイットのようにカウンターにペタペタと貼りつけていった。

「良い言葉が並んでいますね。ではそんな会社がなぜ停滞してしまったのでしょうか。今の会社には何が足りないのでしょうか」

改めて自分たちの日々の働きぶりを見つめ直してみる。「やる気」「アイデア」「チャレンジ精神」「ねばり強さ」「元気」「挑戦する心」「前向きさ」……二人は伝票用紙の裏に次々と書いていく。カウンターは二人の書いたメモで埋めつくされた。

「書き出してみると、意外にいろいろと出てくるものなんですね」

「そうだね、自分でも驚くほどスラスラ出てきた」

「そうでしょう。書き出すことで思考が整理されますからね。この紙に書き出してブレインストーミングしていく方法は、さまざまな企業でアイデア出しに活用されていますよね。本来は会議室でポストイットを使ってやるものですが、こういう場所で少々お酒が入ったくらいの方が良いアイデアが出るかもしれません」

「私が読んだ書籍でも、このやり方を紹介していました。マスターは何でもよく知っていらっしゃるんですね。マスターっていったい何者なんですか？」

「ただのしがないバー店主ですよ、相武さん」

絶妙なタイミングでマスターの素性に探りを入れてくる。大野は改めて相武の頭の回転の良さを感じた。しかしマスターは突っ込まれるスキを与えないかのように、話し始めた。

「ちなみにですが、良いビジョンワードは3Wを満たしていると言われています。『What』『Why』『So What』の3つのWを意識してみると良いでしょう」

「え〜と、『何か？』『なぜか？』『だから何か？』ってことですかね。『だから何か？』ってどういう意味だろう」

「その通りです。まず『What』とは、ビジョンワードの表すことが理解しやすいかという視点です。よくあるでしょう、抽象的な言葉や難解な故事成語を掲げて、いったい何を目指しているかわからない会社が。お二人の会社の理念である点滴穿石も、社員の方には少しわかりにくいかもしれませんね」

「たしかに、会社じゃないけど、高校の時の校訓とかよくわからなかったもんな」

「次に『Why』とは、世の中に無数の言葉がある中で、その言葉が会社のビジョンワードに設定されている納得できる理由があるかという視点です。そもそもビジョンワードというのは、社員に同じ方向を向かせるための言葉です。ではその方向に進めばどんな良いことがあるのか、事業がうまくいくのか。これは企業の戦略とも密接に関わる部分です」

「そうか、うちの会社の点滴穿石って、昔だから意味のある言葉だったんですよ。日本経済が成長してたから、コツコツ努力してれば報われたでしょ？ でも今はそうじゃないはずなんです。同じことをコツコツ繰り返すんじゃなくて、新しいことに挑戦しないと」

「そうだよ相武さん。新しいビジョンワードは社員に挑戦を促すようなものであるべきだ。橋本たちにヒアリングしたときのキーワードは閉塞感だった。それを打破するようなビジョンが必要なんだ」

「お二人とも理解が早いですね。では最後の要素『So What』ですが、これは社員の行動に結びつくかという視点です。ビジョンワードの意味は理解できた、必要性も納得した、じゃあ自分たちはどうすればいいの？ となりますよね。例えば、仕事に誇りを持ちましょうでは、具体的にどう行動すればいいかわかりにくいですよね。そこで例えば、リスクを恐れず挑戦しなさいとか、普段のやり方を工夫してみなさいとか、社員の行動指針を示してあげることが重要になるのです」

「そうか、３つのＷはつながっているんですね。大野さん、今マスターが言ってくれた『リスクを恐れず挑戦しなさい』でいいんじゃないですか？」

「まあまあ結論を急がないでください。３Ｗはあくまで必要条件のチェックリストであって、それを満たしていれば、もっと表現にこだわって良いのですよ。当たり前の言葉よりも少しオリジナリティのある言葉の方が、自分たちのものだという感じがしますからね」

マスターは二人の前を離れ、カウンターの奥に移動すると、水の入ったグラスを二つ持って戻ってきた。

「そうか、まさに私が広報で培ってきた表現力が活かされるわけですね。大野さん、何かヒントありませんか？」

「急にヒントって言われてもなぁ」

「例えば、大野さんのお父さんが会長と一緒にものづくりに励んでいたころって、要は野武士理論で、言葉はなくても通じ合っているって感じだったわけですよね」

「そうだと思うよ」

「でも何ていうのかな、創業者や会長の口癖みたいなものってなかったんですかね」

「口癖ねぇ」

「そこに会社のマインドというか、先輩たちが大事にしてきたものがあるんじゃないかなって、ちょっと思ったんですけど」

「そうだなぁ、うーん……」

大野は静かに思い出してみた。北電機の社員であることに誇りを持っていた父の守。忙しくて会社に泊まり込むこともあったけれど、休みの日には大野のおもちゃを作ってくれたり、仕事の話もたくさんしてくれた。何より大野が北電機に就職したことを、一番喜んでくれた。特別手先が器用なわけでもなく、勉強ができたわけでもない、ちょっとドンくさいところのある大野は、真面目なだけが取り柄の普通の子どもだった。守はそんな大野を自由にのびのびと育ててくれた。何かしら失敗したら、一緒に解決策を考え、いつも頑張れ、諦めるなと励ましてくれた。

「失敗したらもう一回やってみればいいって、言ってたかもな。父さんたちも新製品を開発するとき、数えきれないくらい失敗しているんだ。大人だって失敗する、うまくいかなくて嫌になるときもある。それでも『七転び八起き』で頑張ってきたんだって」

大野は守の言葉を思い出した。

「相武さん、そうだ。親父はいつも『七転び八起き』って言ってた。開発がうまくいかないときに、清会長が必ずそう言って励ましてくれたんだって。凄く昔に聞いた話だけど、久しぶりに思い出したよ」

「不屈の精神で製品開発に取り組んでいたってことですね。『七転び八起き』ってわかりやすい。誰にでも意味が分かりますね」

「いいですね。諦めない心と、誠実さも感じますし、何より先代から引き継いでいる言葉には重みがある。ビジョンワードにピッタリではないでしょうか」

マスターは頬を紅潮させて嬉しそうに言った。大野も嬉しくなり、グラスに入った水を一気に飲み干した。

新プロジェクトに関する初回のミーティングには、藤野部長を含む人事部の社員4名と、大野、相武が参加した。

このミーティングでは、採用活動を推進する企画を組織変革室が出し、その内容を議論しながらブラッシュアップしていくという流れになっていた。企画書を配り終えてから、大野はホワイトボードにこう書いた。

ビジョンワード：七転び八起きマインド

その場にいる全員が、何のことかと大野の動向に注目している。組織変革室の室長として存在感を出すためにも、初回のミーティングでプロジェクトの主導権を握ることが重要だと考え、始めの入り方を何度もシミュレーションしていた。大野は誰が聞いても内容が理解できるように、マスターから習った専門用語を使わないよう意識して、ゆっくりと説明し始めた。

「藤野部長、来年度の採用人数は何名を目標にしていますか」

「昨年は17名だった。今年は20名を目指したい」

「そのためには、やはり応募者を増やすことが重要ですね」

「そうだな、うちの採用広告費は限られているけれど」

「それに加えて、選考の過程で優秀な学生を見逃さないことも大事ですよね」

「面接官は各部署から出してもらっているけど、やっぱり素人だから限界はある」

「私も経験してきたからわかりますが、面接官というのは大変な仕事ですよね。目の前の人の人生を変えてしまうかもしれないわけですし」

藤野部長に代わり、大野より年上の人事部社員が答えた。

「就活生たちは大学でエントリーシートの書き方の指導を受けてきているから、エントリーシートの段階では好感が持てても、面接ではやはりその子の本性というのが見えてしまう。緊張から思うように自己アピールできない子もいるし、明らかに丸暗記してきた内容を繰り返すだけの子もいる。そうすると、採用するにはちょっと難しいなと思う」

「おっしゃる通りだと私も思います。面接はする側だけでなく、当然される側も難しい。僕も就活の時、もう一度やれたら、もう一度チャンスをもらえたら、もっといい答えができたのにと、後悔することが何度もありました。一度ミスをしても、そこから反省して次回に活かせる能力って、社会人としては凄く重要ですよね。僕の社会人人生なんて、ミスや失敗ばかりだったと思います。でも先輩方にご指導頂いて、もう一度チャレンジする機会を与えてもらって、何とか今までやって来れたと思っています」

大野の若い頃を知る人事部の年長者たちは、うんうんと頷きながら聞いている。大野はお茶が入った紙コップを一口飲んでから続けた。

「僕だけではありません、北電機という会社もそうです。何度転んでも立ち上がる、上手くいくまでチャレンジし続ける、そんな七転び八起きマインドが根底に流れている組織だと思います。この七転び八起きという言葉は、私の父が開発時代に清会長からよく言われたそうです。私たち組織変革室は、北電機が大切にしてきた、そして最近薄れつつある七転び八起きマインドという言葉を掲げて、組織変革に取り組んでいこうと考えています」

大野はもう一度コップを手に取り、お茶を口に含んだ。話し進めるうちに自然と体の中に熱が生まれていくのがわかった。慣れないプレゼンで口がカラカラに乾いていたが、それは緊張からではなく、この熱によるものかもしれないと思った。

「そこで、今回の採用活動です。私たちが提案するのは、一度面接に落ちた就活生がリベンジでもう一度面接を受けられるという『敗者復活制採用』です。だって、北電機は失敗してもそこから学んで考えて工夫して成長してきたんです。就活生にも再挑戦の機会を与えてもいいのではないでしょうか。それに、今までは一度の面接で見抜けなかった就活生の魅力に気付くこともあるでしょう」

北電機の採用面接は、最初に人事担当者による1次の集団面接があり、各部門の中堅社員による2次面接を経て、部長クラスによる3次面接、最終面接で北里社長を含む数名の役員と対面する。大野たちが提案した敗者復活制採用では、2次面接と3次面接で不採用になった就活生が望めば、もう一度面接を行うことができるというものだ。1次面接からにしなかったのは、人事部の負担を増やしすぎないための、大野なりのケアだった。

面接に失敗した就活生は、思うように自分をアピールできなかったという反省点があるはずだ。そこで再挑戦する際には、自分が思うように伝えられなかったことを確認し、思うように振る舞えなかったことを修正して臨んでもらう。自分を冷静に見つめ直し、思考と努力を重ね、一度落とされた会社にチャレンジしてくるような人材であれば、バイタリティーもあり、骨太な人材が集まると大野たちは考えた。

大野の説明が終わると、人事部の社員たちが、思い思いに感想を述べていった。

「この取り組みが話題になって就活生の応募が増えれば、当然優秀な人材が集まる確率は高くなる。面接のチャンスを増やすことはいいことかもしれません」

「一度面接することで、北電機の雰囲気も分かってもらえるかもしれない」

「これ以上採用活動の手間が増えるのは、大変ではないか」

「手間は増えるかもしれないけれど、北電機にとってデメリットはないような気がする」

「面接官たちには頼み込むしかないか」

「意外に棚ぼたで優秀な人材が集まってくるかもしれませんね」

「一度落とされた会社にリベンジって根性ありますよね」

おおむね好評のようだ。大野はさらに援護射撃を続けた。

「たしかにリベンジしてくる就活生は根性あると思います。諦めない心、根性で自分の思いを貫くというのは、まさに北電機の先代たちが大切にしてきたことではないでしょうか」

黙っていた藤野部長が、ふと大野の顔を見た。

「そうだな、大野君の言うように、私も新卒で入社したばかりのころ、清会長の『七転び八起き』は、死ぬほど聞かされたよ。この取り組み、面白いんじゃないか。社内に対しても北電機が変わろうとしているというメッセージになるだろう」

社内に対してもメッセージになるという狙い通りの発言が出て、大野は心の中でガッツポーズをした。

「部長がおっしゃるように、七転び八起きマインドは後から取ってつけたものではなくて、もともと北電機のアイデンティティとしてあったものだと僕は理解しています。この取り組みは北電機の将来を担う新入社員と出会うまで諦めないという僕たちの姿勢を示すことであり、少しでも北電機に来たいと思ってくれる就活生の姿勢に応えることであり、そして北電機という会社が大切にしてきた価値観を社内外に広く伝えることだと思って考えました」

これまで大野は人事部のミーティングに何度も参加してきたが、いつもとは違う温かい雰囲気を少しだけ感じ取ることができた。大野のプレゼンが参加者の北電機社員としてのプライドをくすぐったのかもしれない。就活生への告知や面接官の負担増加など課題はあるが、人事部社員たちがこの新しいプロジェクトに興味を持っていることは間違いないように感じられた。

「大野君、企画書を来週の幹部ミーティングに提出してみよう」

部長がそう言って、ミーティングはお開きとなった。

人事部とのミーティングから1週間、大野と相武は資料のブラッシュアップに奮闘した。大野は人事部との調整を重ね、実現可能なアクションプランを作成した。相武は広報部に掛け合って、敗者復活制採用のPR計画をたてた。そして組織変革室がこれまで取り組んできたこと、今後やろうと考えていることを、マスターから習ったキーワードを散りばめながらまとめた。狭い会議室にこもって、大野がプレゼン練習を繰り返し、相武が聞き手となって修正点を指摘した。

そして翌週の金曜日、北里社長以下幹部の集まるミーティングで、組織変革室にとって初のプレゼンテーションを行った。大野と相武はやはり緊張の色が隠せない。しかし、何をやるのかと怪しまれていた組織変革室が少しずつではあるけれど動いていること、そして北里社長の期待に答えようと歩み始めていることを、ちゃんと伝えたかった。

大野はまず、組織変革室が取り組もうとしているインターナルブランディングとは何かを簡単に説明した。インターナルブランディングについては、その場にいる幹部はほぼ全員ピンときていないようだった。北里社長も黙って聞いていた。しかし、敗者復活制採用に関しては少し関心が示された。採用に対する課題意識は北電機の役員が共通して持っていたし、用意されたアクションプランに目立った問題点はなかった。

大きな反対意見がなかったのは、北里社長が立ち上げた組織変革室が関わっているプロジェクトだということもあったはずだ。しかし社歴の長い幹部たちが敗者復活制採用に難色を示さなかったのは、ビジョンワードである「七転び八起きマインド」に共感したことが大きかっただろう。大野は父の守から聞いた話をしながら、今回のプロジェクトは北電機のアイデンティティを引き継いだものであると説明した。北電機が大切にしてきたものから離れていくのではなく、むしろ北電機が大切にしてきたものを活かしたいという思いから、このアイデアが生まれたのだと熱弁した。

幹部社員は清会長も知っている世代ばかりだし、大野の父とも面識がある。北電機の栄華を知っている幹部社員にとって、七転び八起きという言葉はすんなり腹落ちしたようだ。大野は改めて言葉が持つ力を感じた。北里社長も感じるものがあったようだ。大野たちのプレゼンを黙って聞いていたが、最後には「やってみなさい」と言ってくれた。

幹部ミーティングが終わって会議室に戻ってきた大野と相武は少し興奮していた。

「いや、こんなに簡単に話が通るとは思わなかったよ」

「大野さん、最初は声が震えていたから、私まで緊張してきちゃって」

「だって幹部がずらっと並んでいるところで話すなんて、誰だって緊張するでしょ」

「そうですけど、そうですけど」

提案と一緒に、組織変革室の存在も認められたような気持ちになった。今まで暗く狭い会議室で話し込むしかなかった二人だったが、初めて社内に自分たちの存在を示すことができた達成感と、企画が通った喜びが、二人を高揚させたのだった。

「これから忙しくなるぞ」

「そうですね、人事部とミーティングの日程を調整して、すぐに実行していかないといけませんね」

相武はすぐにパソコンを立ち上げた。

「それから私、久しぶりにプレスリリースを打とうと思っているんです」

「敗者復活制採用のことで？」

「そうです。まずは就活生に知ってもらわないと意味がないですからね」

「さすが広報部だね、大々的に告知しよう」

「久しぶりに北里社長のメディア取材も取れるかもしれない。そう考えるとワクワクするなぁ」

「いいね、北電機のPRにもなるもんね」

相武は猛スピードでパソコンに文字を打ち込んでいる。

「それにこれはブーメラン効果も狙えると思っているんですよ」

「え、何効果？　相武さんまで僕の知らない単語を言うようになったな」

「大野さんがバーに通っている間に、私だってちょっとは勉強してるんですよ」

北電機が敗者復活制採用という新しい試みを実行する。それを社外に大々的に告知することで、問い合わせが増えたり、メディア取材が入ったりと、外部からの反響が起きる。社外からの反響がブーメランのように戻ってくると、自分たちの取り組みは注目されることなのだと、社員たちが再認識する。その満足感がさらに取り組みを活性化するきっかけになるのだと相武は説明してくれた。

「そうか。自分たちだけでああでもない、こうでもないってやり取りしているだけじゃ、その取り組みの価値とか意義とかがわかりにくいもんね。でも第三者が評価してくれたら、自分たちけっこう良いことしてるじゃんて思えるもんな」

「人に認めてもらうことが、やっぱり自信につながるので」

話しながらも相武の手は止まらない。プレスリリースの素案を制作して、敗者復活制採用の関係者メーリングリストに早速確認のメールを送ったようだ。大野のパソコン画面にも、新着メールのお知らせが光った。

「相武さん、本当に仕事早いね。ありがとね」
「どういたしまして」

相武の狙い通り、3月の会社説明会がスタートするタイミングで、経済誌や就活サイトからいくつか取材の依頼が入った。採用市場において敗者復活制採用はユニークな取り組みとして注目を集めた。

相武はここぞとばかりに北里社長を登場させ、北電機は新しい取り組みに積極的だという印象を与えるようなメッセージを発信していった。北里社長も満足気だったようで、スケジュールを調整してできる限り取材を受けてくれた。

そうした広報活動が功を奏したのか、会社説明会の予約は出だしから好調で、前年を大きく上回った。人事部には各大学の就活担当者から問い合わせも入ってくる。北電機は久しぶりに社会から注目される企業となった。

大手企業と比較すれば、その注目度は決して大きいとは言えないだろう。それでも企業のトップである北里社長が久しぶりに取材を受け、就活サイトで敗者復活制採用が紹介されているのを見た社員たちは、驚きをもってこの反響を受け止めていた。

「いつもこの時期は忙しいのにさ、今年は余計に忙しくなるな」

大野は廊下ですれ違った人事部の先輩からそう言われたが、それは嫌味ではなく、久しぶりの活気を少なからず楽しんでいるように聞こえた。

解説

ファクトドリブン・コミュニケーション

ファクトドリブン・コミュニケーション。少し格好をつけて横文字の名前を付けましたが、PRの世界では昔から鉄則として言われていることです。

つまり、世の中や社内外に、企業として何かをメッセージしていきたければ、意気込みを語るのみならず、具体的に取っている行動や事実を伝えていくのが最も強い、ということです。

考えてみれば当たり前の話で、企業活動ではなく恋愛でもなんであっても、説得力というのは事実をベースにするときに最も生まれてきます。

ただここで難しくなるのが、未来の話をする場合です。過去の延長の未来像であれば、今まででもこうだったからこれからもこうします、というのは理解しやすいのですが、企業ビジョンやブランドなど、企業の打ち出す将来の方向性というのは、これまでからジャンプした姿を見せるものになります。必然的にそこには語れる事実はまだ無いということになります。

であれば、語るべき事実を一緒に作りながらメッセージを伝えていこうというのが、ファクト創造型の考え方です。

これは近年、SDGsに関わる企業の活動を行う時に積極的に取り入れられています。単純に企業として、SDGsに賛同しますというだけでは評価をされず、具体的なアクション（例えば調達部材をCO_2排出の少ないものに切り替えるなど）と目標をセットで、メッセージとして打ち出していくケースが増えています。

この考え方を社内活動に、さらにインターナルブランディングに援用したやり方が、今回北電機が取り組むことになった、採用活動を通じて企業風土変革をメッセージするやり方です。北電機では大野が人事部に所属しており、採用活動に影響しやすかったためにこの施策が実現しましたが、施策の種類や内容はその企業や担当者の都合に応じて最適な形を検討すべきでしょう。

この事例では、会社として今後目指す方向性は何か、それを実現するために内部で持つべき価値観は何かといったことを、採用活動の立て付けや、採用活動を通して入社する社員の人物像を通して、鮮明にメッセージすることができています。当然、この採用活動を通過して入社した社員たちは、次代の北電機を担う中心的存在となっていくことでしょう。

また、見過ごせない大きなメリットとして、新しい取り組みに対する社外からの評価が、社内の意識に大きく影響を与えることが挙げられます。それがポジティブなものであれば、組織風土変革を一気に加速させることにつながります。

KEY LINES

「良いビジョンワードは3Wを満たしていると言われています。『What』『Why』『So What』の3つのWを意識してみると良いでしょう」

ビジョンワードや施策のタイトルなど組織変革に関わる言葉の作り方には注意を払いたい。従業員とは、思っている以上に、「話を聞いてくれない」ものだ。メールで丁寧に説明しても、キーメッセージやタイトルだけで半分以上は判断されてしまった、というご経験をお持ちの方も多いと思う。

「What」について付け加えると、理解のしやすさを求めるあまり、ありふれた平易すぎる言葉のみを使ってしまうと、ビジョンワードとしての訴求力が弱くなってしまう。ベストなのは、一般的には理解し難くても、その組織内では共通の理解が得られるような言葉だ。物語中に出てきた創業者の口癖などは、まさにそれに当たる。

だが、自社特有のワードを探し当てるのはなかなか難しい。そこで、ワード自体は一般的だが、その解釈にオリジナリティを持たせるという方法もある。「改善」という言葉を突き詰めて3つの要素に分解する等、言葉に独自の意味を込めるのである。

オリジナリティが高いということは、その分ワードや解釈を浸透させるコミュニケーションコストがかかるということでもある。だが、共有された独自の言葉は暗黙知となり、さまざまな行動の源となる。ビジョンワードは、浸透後の姿を想定しながら、慎重に検討したい。

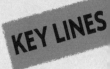

【ファクトドリブンの特徴】

	ファクトドリブン	コンセプトドリブン
アウトプット	・新製品・新規事業などの開発と情報発信（ニュースリリースやPR）自体がアウトプットとなる ・採用活動や人事異動、新組織の設立などもメッセージとなり得る	・明文化されたコンセプトに沿ってＷＥＢサイトや配布物等の製作を行い社内に発信する
効果	・説得力高 ・企業の覚悟・本気度を示すことができる ・施策主体やタイミングなど、ファクトに付随する様々な要素がメッセージになる	・説得力低～中 ・企業が言いたいことを端的に伝えることはできる ・クリエイティブの完成度とトップがコンセプトと同じメッセージを発信し続けられるかが成否を分ける
コスト	・土台となるコンセプトを決めた上で、施策の見え方を精緻に設計する必要があるので、時間と労力がかかる ・関係者が広範囲に及ぶため、調整に時間がかかる	・開発自体は比較的簡易にできる ・コンセプトの内容に関する丁寧な説明と、腹落ちさせるタスクを年単位で継続することが必要

第5章

コンテストで社内を巻き込む

INTERNAL BRANDING

いつものように薄暗い会議室で、大野の心は晴れやかだった。

「いやいや、まさかこんなにも敗者復活制採用が注目されるとは。相武さんの広報が良かったおかげだな。相武さんはこんなに仕事ができるのに、広報部の部長はどうして相武さんのことを煙たがるんだろうね？」

「仕事ができると目立つからでしょ。自分よりも目立たれると上司としては困るんじゃないですか」

常に平常心の相武だが、少し口元がゆるんでいて声の調子も明るい。久しぶりに自分の思うように動いて成果を得たことが、相武にとっても嬉しかったようだ。

「はっきり言うね。でも本当にそうだと思うし、少しだけど組織変革室の評判が良くなった気がする」

「そうですね。社外からの反応が、北電機ってまだまだ捨てたもんじゃないって気持ちを生んだというか。もちろん、これからどうしていくかが重要だと思うんですけど、大野さんは何かアイデアありますか？」

「うん、まだ何も浮かんでない」

「相変わらず正直ですね」

今後のアイデアがないのは相武も同じだ。二人は組織変革室の小さな会議室で話しこんでいた。

ふと大野のパソコンにメールの受信通知が点灯した。何げなく開いてみた大野は、その内容に驚いた。

「えーと、磯部翔太って社員知ってる？」

「知らないですね。社内で顔は狭い方なので」

「確か品質管理部の子だったと思うんだけど、僕が採用面接を担当していたときだから３〜４年前に入社したはず」

「その人がどうかしたんですか？」

磯部という社員から届いたメールに目を通し、大野は思わず声をあげてしまった。メールには、組織変革室の活動に興味を持ったので話を聞きたい、可能なら自分も仲間に加わりたいと書かれてあった。

メールの内容を聞いて相武も驚いている。さっそく磯部を呼んで、話を聞いてみようということになった。

翌日の昼休み、磯部は会議室に顔を出した。

磯部の顔を見た瞬間、大野は採用面接のときの姿を思い出した。磯部はグリグリっとした目が印象的な青年で、ものづくりに興味があるということで北電機に入社してきた。経済学部を卒業し、コスト管理や生産の効率化を通して収益を上げることに貢献したいと大きな声で語っていた。営業部のエース格でありながら北電機に見切りをつけて転職していった大島拓也と同期だから、2015年に入社している。

「大島君と同期だよね？」

「そうなんです。大島とは仲が良かったので、転職したいと聞いたときは正直ショックでした。大島が居なくなったら張りがなくなるなって」

「大島君は営業部のエース格だったから仕事の話もできただろうし、性格もいいし、話していて楽しかっただろうね」

「ああいう人材は北電機には少ないっすね」

磯部は少しだけしんみりとした顔をした。

「でもどうして磯部君は、組織変革室に興味を持ってくれたの？」

磯部は先日大島と会って飲みに行ったらしい。その場で大島は大野の名前を出して、退職の理由を話してすっきりしたと言ったそうだ。そして大野が室長を務める組織変革室だったら、磯部の相談に乗ってくれるかもしれないと助言してくれたという。

「大島君がそんなことを言ってくれたの？　何だか嬉しいな」

「大野さんは人が好いから、何でも話しやすいって」

「それって誉め言葉なんですかね、大野さんはちょっとイジられてたんじゃないですか？」

「どうなんだろうねえ、否定できないな」

大野は苦笑した。

「ごめんなさい。そんなつもりじゃないんですよ。でも大島から話を聞いて、組織変革室ってちょっと面白そうだなと思ったんです。それは本当なんです。でもすぐに名乗りをあげる勇気がなくて」

「そりゃそうだよ、だって何やってるのか分からないけど奥の会議室に籠ってる怪しげなチームだからね」

「私たちだっていまだに、何をやるのか理解していないですもん」

三人は顔を見合わせて笑った。

それから磯部は、自分も品質管理部の働き方を見直したい、新しい取り組みにチャレンジしたいと思っていることを話した。いろいろと温めているアイデアはあるけれど、現状維持がベストだと思っている上司からはあまり相手にされないという。

「生産性を上げるには、コミュニケーションが全然足りないですよ。新しい機械を入れたってダメなんです。横の連携も弱いし、みんなが膝を突き合わせて話し合える場もありません。僕は入社以来ずっと気になっていました」

品質管理部の若手社員は、全員が上司の言う通りに動いていればいいと思っているわけではない。自分たちにできる範囲でいいから改革を進めたいと思っている社員もいれば、来るべき時に向けてアイデアを温めている社員もいる。たしかに、毎月安定した給料がもらえたらそれでいいと考えている社員もいるけれど、仕事を通して自分の夢であったり、社会的貢献を実現したいと考えている若手は少なくないと磯部は話した。

磯部の話は、大野と相武にとって、前向きな気持ちを起こさせるに十分だった。

「ねえ、仮に、仮にだよ。磯部君が組織変革室のメンバーに加わりたいって言ったら、品質管理部の部長は許可してくれるだろうか？」

「品質管理部の部長に話すよりも、北里社長に直談判したほうがいいんじゃないですか？　久しぶりにマスコミの取材を受けて、北里社長はまんざらでもないって感じでしたし。いま増員を頼んだら絶対にＯＫが出ると私は思います」

「そうかも」

「僕のように、言いたいことや、やってみたいことはあるけれど、言い出せなくて悶々としている社員って、少なくないと思います」

「それは本当？　勝手なイメージで悪いけど、若手は冷めてる人ばかりだと思ってたよ」

「いやいや、思いを表す場がないから隠れてるだけです。僕の同期でも、上でも下でも、何か新しいこと、面白いことをやりたいという思いがある社員はけっこういます。でも、普段の仕事ではそれを実現する機会が少ないし、上司に何か提案をしても取り合ってもらえないことばかりで、諦めそうになる日々ですけど、それでもやっぱり自分で自分の会社を良くしたいっていう気持ちはあるんですよ」

「そんなに熱い思いを持った社員もいたとはな。僕が話を聞いたのは後ろ向きな人ばかりだったから」

「僕ら20代の社員でも、北電機が良かった時代のことはOBや上司からも聞いて知っています。だから少なからず北電機を選んだ以上は、愛社精神がゼロではないと思うんです」

大野は父である守の働く姿を見て迷いなく北電機を選んだが、そうした強い理由のない人が、どうして北電機を選んだのかという話が新鮮に響いた。

「でも愛社精神って言っちゃうと面倒というか、暑苦しいみたいな感じは一方であるんですよね。一人で熱くなっても損っていうか。超難しいところなんですけど。それがもっと素直な感じで出せたら、会社を大切に思う気持ちも育っていくんじゃないかと思うんですけどね。ただ先輩の顔色もうかがわないといけないし、僕からしたら育ててもらっているって感じもあまりないんですよね」

「大野さん、まさにインターナルブランディングですね」

「そうだね」

「インターナルなんとかって何ですか？」

「磯部君には後々ちゃんと説明するから。とりあえず北里社長に組織変革室の増員をお願いしてみよう」

昼休みの終わりを告げるチャイムが鳴り、磯部は組織変革室を後にして品質管理部のフロアへと戻っていった。大野と相武も、敗者復活制採用に関わる細かい業務のため、それぞれの部署に向かった。電気の消えた小さな会議室には、人が熱く話し合った後に特有のもわっとした空気が漂っていた。

梅雨特有のじめっとした夕方だった。帰り道、いつもの三叉路で大野はBAR PLANEへと続く道へ自転車を走らせた。七転び八起きマインドというビジョンワードを掲げ、敗者復活制採用というシンボリックファクトを成功させ、次なるステップをマスターに相談しようと思ったのだった。

扉を開けると、今日も店内に客は誰もいなかった。マスターは一人カウンターに立ち、口が小さく脚が細長い高級そうなグラスを磨いていた。扉の音に気付いて顔を上げ、大野に向かって微笑んだ。

「いらっしゃいませ。お久しぶりですかね」

「いやぁ、すみません。来たい来たいとは思ってたんですけど、例のプロジェクトの方が忙しくて。でもやっと一区切りついたので、報告に来ました」

「それはお疲れ様でした。お顔を拝見した感じでは、プロジェクトは上手くいったようですね」

「えっ、顔に出てますか?」

「ええ、初めていらっしゃった時はとても暗い表情をされていましたから。バーに行こうという お客様は極端に分かれるのですよ。仕事や生活が上手くいかず悩んでいて酒でも飲むかという方と、逆に何か良いことがあって気分が良いから酒でも飲むかという方と、いらっしゃった瞬間にわかりますね」

「そうなんですか。マスターは沢山の人を見てきたんですね」

「それより、せっかくプロジェクトが成功したんです。お祝いの一杯といきませんか？」

「ありがとうございます。ぜひお願いします」

マスターは先ほど磨き終わった細長いグラスを置くと、棚から3本の瓶を手に取り、スプーン一杯ずつ計ってグラスに入れた。細長いスプーンでかき回した後に、冷蔵庫からボトルを1本取り出して、ポンという音とともに栓を開けた。シャンパンかと思ったが、マスター曰くノンアルコールのものらしい。酒に弱い大野のことを考えての選択だった。グラスに注いでからさらに細長いスプーンをひと回しし、ミントのような葉を軽くしぼってから乗せて、グラスを大野の手元に差し出した。何というカクテルなのか聞いたが、マスターは自分のオリジナルで名前は無いのだと言った。

「オオノスペシャルと名付けますかね」

「やめてくださいよ、誰にも注文されませんよ」

二人は笑いながら乾杯した。マスターはノンアルコールのスパークリングワインをグラスに注いでそのまま飲んだ。

大野は、ビジョンワードが社長はじめ多くの社員に好意的に受け止められたこと、相武の広報もあって敗者復活制採用がそこそこ社会的な話題になったこと、会社の雰囲気が少し明るくなったような気がすることを、順を追ってマスターに話した。マスターはニコニコと笑みを絶やさず、嬉しそうに聞いてくれた。

「それで、次に何をやろうかと考えたんですけど」

「はい」

「前に話した時は社内アワードをやるという話だったじゃないですか。七転び八起きマインドというワードが評判良かったので、たぶんそれを体現したものを社内から探して表彰する感じですよね」

「そうでしたね。社内アワードはインターナルブランディングの定石の1つです」

「そうですよね。アワードをやろうと思っても表彰するものが無いから、まずはシンボリックファクトを作ろうということで採用プロジェクトをやったんですよね」

「おっしゃる通りです」

「それで、プロジェクトをやってみて気付いたんですけど、シンボリックファクトって1つだけじゃなくて、いくつかあった方が良いのでしょうか？」

「バラバラなものがいくつもあると、目指す方向性がブレて伝わってしまうので、むしろ逆効果です。ですが、１つのビジョンに沿ったものであれば、複数あることによってメッセージを強めることができます」

「なるほど、そうですよね」

「また良いアイデアを思いつかれたのでしょうか？」

「いや、僕にはさっぱりアイデアはないんです。でも、社内にはアイデアを持った社員が少なからずいるみたいなんですよね」

空になったグラスが下げられ、２杯目のオオノスペシャルが差し出された。

「それは良いことです。志ある者のもとには同志が集まって来ますからね」

「だから、アワードをやる前になんですけど、彼らのアイデアを吸い上げる、何て言うのかな、公募みたいなのをやってみても面白いのかなって。実際にやりたいことがあるって話してくれた若手もいるんです」

「大野さん、素晴らしいお考えですよ。大野さんの取り組みが成功を納めたことで、自燃性社員たちが声をあげやすい雰囲気が出来てきたのではないでしょうか」

「ジネンセイ社員って何ですか？」

「自ら燃える社員と書きますが、どんな会社でも一定割合は新しいことをやってやろう、自分が会社を変えてやろうというやる気を持った社員がいるものです。ただ、社内の空気が保守的だったり、新しいことに消極的な上司がいたりする場合、彼らは沈黙して見えなくなってしまいます」

「そうか、相談してくれた若手社員も、やる気のある人が発言しづらい雰囲気があるって話してました」

「自燃性社員もずっと一人で燃え続けられるわけではないので、いつまでも押さえつけておくと火が消えてしまいます。それが企業にとって一番不幸なことかもしれません」

「たしかになぁ、社員はかわいそうだし、会社も有益なアイデアを無駄にすることになりますね」

大野は前に話を聞いた同期の橋本を思い出していた。入社した時期が悪かったと言えばそれまでだが、北電機は若くやる気に溢れていた橋本の火を消してしまった。組織変革室の取り組みで、橋本のような社員に再び火をつけることはできないだろうか。

「逆に、自燃性社員が活発な組織では、周囲の可燃性社員たちもつられてやる気になってきます。平均的には、自燃性社員は組織の2割、可燃性社員は6割いると言われています」

「残りの2割は何ですか?」

「どうやっても燃えない、不燃性社員です。彼らは与えられたルーティンワークをこなすのは得意ですが、新しいことに挑戦するのは苦手です。これは人の性格の違いでもあるので、変えようとするのはとても難しい。でも大丈夫です。2割の自燃性社員と、可燃性社員の何割かが変われば、組織は明らかに変わりますよ」

「じゃあやっぱり、自燃性社員の意見を吸い上げるためにも、公募をやるのが良い気がしてきました」

「大野さんのやる気は燃え上がっていますね。うちはバーですから、アルコールには気をつけてくださいね」

マスターは静かに笑いながら言った。

「どうせやるなら、できるだけ派手にやりましょう。こういうのはやり方が肝心なのです。全社メールを配信して廊下にポスターを貼って、はい応募してください、ではもったいないですね。健康診断のお知らせじゃないのですから。もっと楽しそうに、社員のテンションが上がるように演出することです。イメージとしてはお祭りです。やる気とアイデアある社員を求む、会社を変えよう組織変革祭り」

「祭りかぁ。派手にやりすぎて、スベったみたいにならないといいんですが」

「それも重要な視点です。私は大野さんのお話を聞いてつい興奮気味に話しておりますが、組織の熱量に合わせて、現状より少し熱いくらいのコミュニケーションをすることがポイントです」

「だったら公募ではなくコンテストみたいな立て付けの方が良いのかなぁ。うちの会社でも働き方改革のアイデアとかをたまに公募してますけど、いまいち盛り上がってないんですよね。そういうのとは違って見えた方が良いのかなぁ」

「コンテスト、良いと思いますよ。日本の大手電機メーカーでも、新規事業コンテストを大々的にやっている所がありますから」

「うちの場合は新規事業はハードルが高そうだから、とりあえずアイデアを広く集めてみようかと思います」

「大野さん、すっかり変革のリーダーといった感じですね」

「えっ、どういうことですか？」

「今では私が何か申し上げると、ではこうしましょうとすぐに実行案を返してくださります。相当な思考と行動が蓄積されているのだとお見受けしました」

「いやぁ、マスターに褒められると、なんだか照れますね」

大野ははにかみながら、グラスに残ったオオノスペシャルを一気に飲み干した。

その次の週、大野と相武は社長室にいた。アイデアコンテストの開催を北里社長に承認してもらうことが目的だった。

「敗者復活制採用は素晴らしい取り組みだった。早速成果を出してくれて、大野君を室長に指名したのは正解だったと思っているよ」

「いえいえ、相武さんはじめ色々な方に助けられて、何とかなりました」

「社内の熱が冷めないうちに二の矢を放つのは私も賛成だ。ただ、社内アイデアコンテストとなると、少し注意が必要かもしれない」

「と言いますと」

「まず問題はアイデアが集まるかどうか。大野君の話によると若手にはアイデアを持った人がたくさんいると言うことだけど、私にはどうも実感が持てない。蓋を開けてみたら全く応募が集まらなかったという事態は、組織変革室の今後を考えても避けたいだろう」

「おっしゃる通りです」

「なので、確実に応募してくれる人を何人か見つけておいてもらえないだろうか。若手を集めてアイデアコンテストの趣旨を説明して、応募の意思を聞いてみて、そうだな、20人くらい約束してもらえればゴーサインを出そう」

大野と相武は目を見合わせた。

「かしこまりました。すぐに動きます」

「ありがとう。それともう一つ、集まったアイデアの審査は社内の人間が行うということだね？」

「はい、採用面接みたいな形で、各部署から審査員を出してもらって、最終的には北里社長に決裁を頂きたいと思っています」

「こういうことをやるのは初めてだから、社員たちがちゃんと審査してくれるといいのだが。ここは人選も含めて気をつけてほしい。管理職には私からも協力をお願いしておくから」

「ありがとうございます。アドバイス頂いた点に注意して進めたいと思います。まずは応募の約束を取り付けることから始めます。北里社長、若手社員を集めるにあたりまして、もう一つお願いがあるのですが……」

大野と相武の目論見どおり、北里社長は磯部の参画を快諾してくれた。

磯部は早速同期のつながりを活かして若手社員にコンテストの構想を説明して回り、20人の応募意思を集めてきた。アイデアコンテストは正式に開催が認められた。

磯部が話していた通り、何かアイデアを持っているのに、上司に相談できなかったり、発表する場がなかったりして悶々としている社員が、北電機には一定数いたのだ。それならこのアイデアコンテストで提案してもらえばいい。敗者復活制採用によって、組織変革室が新しい取り組みに積極的であるというイメージは出来つつある。アイデアコンテストで採用されたアイデアが実務に落とし込まれる、つまり自分のアイデアを会社が拾い上げてくれる。

意見が通るのだという認識が社内に広まっていったら、社内の空気も変わっていくだろう。アイデアコンテストによって生まれた成果が新たなシンボリックファクトとなり、ファクトドリブンのインターナルブランディングが進んでいく。成果のみならず、アイデアコンテストに向けて社員が取り組み、盛り上がるプロセス自体も、北電機を活性化するきっかけになる。組織変革室の三人は、これで北電機が大きく変わるのではないかとすら思えていた。

「だってさ、北里社長は全面協力するって言ってくれたわけでしょ。全社メールでも堂々と宣言してくれたわけじゃない。けっこういけるんじゃないかって僕は思うな」

「ちょっと室長らしくなってきたじゃないですか、大野さん。でも仮に失敗したっていいんですよ、これに懲りずにまた次のことを考えればいいんですから」

「失敗したっていい。七転び八起きの精神は大事だよね。組織変革室なんて、あんまり期待されていないところからスタートしたわけだし。実際会社がいつまでチャンスをくれるかはわからないけど。それで、コンテスト名だけど、どうする？」

「実は私、いい名前を思いついたんです」

「お、相武さん調子いいね。聞かせてください」

相武が差し出した紙には「78NEXT」と書いてあった。

「七転び八起きの78ってことですね」

「するどいね磯部君。七転び八起きマインドで、失敗しても次に進むって感じでいいかなと思うんです。そうでしょ、大野さん？」

「よし、それでいこう」

その日の夜、組織変革室の三人はBAR PLANETに集まっていた。

いつになく饒舌な大野の話を、マスターはニコニコしながら聞いている。その姿に相武も磯部も嬉しそうだ。

「何だか話が一気に前進したような気がしちゃって。マスターには磯部君も紹介したかったし、今日はみんなで前祝ということで来ちゃいました」

「このところ大野さん、がぜん強気なんですよね。マスターからも調子に乗るなって釘を刺しておいてくださいよ」

「そうはおっしゃいますが相武さん、アイデアコンテストというのは、とても良い案だと私も思いますよ」

「そうですよねマスター」

「はい、これがうまく成功しますと、社内からは相当の反響があるでしょう。アイデアコンテストが起爆剤になって、次の取り組みも生じやすいです。難しいのはゼロからイチを生み出すことです。アイデアコンテストでイチが完成すれば、次のチャレンジへ進みやすい基盤ができます。そうやって次々と新しい挑戦が出てくるような好循環が生まれれば、自律的にイノベーションが生まれる強い組織になるでしょうね。このイノベーション・エコシステムを作ることこそが、インターナルブランディングの最終形態といっても過言ではありません」

「マスターって何者なんですか？　何でも超知っているんですね」

「ただのしがないマスターですよ、磯部さん」

マスターは微笑みながら、いつものように質問をかわした。

「イノベーション・エコシステムか。きっと、うちの会社が昔元気だったころは、そういう感じだったんでしょうね」

「そうだね、父の話を聞いていても、新しいチャレンジが次々と生まれていたような気がする」

「そうなれば僕ら若手も嬉しいです。働きがいがありますよ」

「そのためにも、アイデアコンテストを成功させないとな」

「皆さんが取り組んでいらっしゃることは、とても意義のあることです。磯部さんが働きがいとおっしゃいましたが、うまくいけば多くの社員を幸せにできるかもしれません。胸を張ってください」

ふと、相武は自分の左眼から涙がこぼれていることに気付いた。こっそりカバンからハンカチを取り出し、さりげなく目に当てるが、磯部に気付かれてしまった。

「あ、相武さん感動してます？」

「してないわよ」

「相武さんって強がりなんですね」

相武はグラスを持つと一気に飲み干し、マスターにおかわりを頼んだ。泣いたのは久しぶりだった。仕事で泣いたのは初めてだった。これまで、自分の仕事が誰かの幸せにつながっているかもしれないだなんて考えたこともなかった。広報一筋で頑張ってきたのも、自分の考えたことが世に出る、自分の能力を世間に見てもらえるというのがモチベーションだった。入社したばかりの頃は、北電機で実績を残して大手企業に転職したいと考えていたが、５年も経つとこの硬直化した会社で実績を出すのは無理だと悟り、とはいえ給料は安定してもらえるので、仕事は仕事と割り切って考えるようになった。愛猫の黒丸を飼い始めたのもその頃だった。

それからは、とにかくストレスを回避することを優先順位の第一に置いて働くようになった。言いたいことがあれば相手が誰だろうと言う。嫌なことは遠慮せず嫌と言う。空気を読んで自分を押し殺しても、何も得しない。どうしても辞めたくなったら辞めればいい。転職サイトに登録し、企業や転職エージェントから来るスカウトメッセージを見るのが日課になっていた。そうして自分の存在価値を確認していたのかもしれない。会ったこともないどこかの企業の人事担当が、私を求めてくれている。大丈夫、私は私のままでいい。

そうして何年か経った後、組織変革室への異動を命じられた。ついに左遷だと思った。転職サイトを見て、目ぼしい求人をいくつかチェックし、いつでも辞められる心構えをしていた。ところが、予想外に物事が上手く進んでしまった。敗者復活制採用を広報するために一人で走り回っているとき、相武はこれまで味わったことのない充実感を味わっていた。北電機にも、自分が輝ける場所があるのだと思った。この実績を武器に転職活動をすれば少しは良いオファーをもらえるのではないかとも思ったが、まだ面白そうなことができそうだと考えたので留まった。気付けば、転職サイトを見る回数が２日に１回になり、週に１回になっていった。

そんな時のマスターの言葉だった。自分の仕事が、多くの社員の幸せにつながるかもしれない。相武は組織変革という言葉の本当の意味がわかった気がした。

マスターが相武の前におかわりのグラスを差し出した。

「本当に大変なのはこれからですよ」

「マスター、そんなこと言って脅さないでください」

「脅しではありませんよ。アイデアコンテストは会社全体を巻き込んで行われるものですよね」

「そうです、社長も全面協力です」

「組織変革というのは、もちろん多くの社員に良い影響を与えます。ただ、一部の社員は企業が変わることを快く思わないかもしれません」

大野は真剣な表情でマスターを見つめた。

「たしかに前回の採用プロジェクトは、人事部と経営層を巻き込んでおけば済みました。それに採用という会社にとってはなくてはならない活動の一環ですから、協力も得やすかったと思います」

「そうですね、大野さん。ですが、今回のアイデアコンテストは、一部署だけで完結できるものではありません。他部署や多くの社員の協力が必要になるでしょう」

「そうなりますね」

「だから、採用プロジェクトより何倍も難易度が上がりますし、課題も多く発生するはずです。しかしこれをクリアできたら、インターナルブランディングの第一段階は成功したも同然です」

大野はマスターの話を真面目に聞いていた。聞いてはいたが、マスターの言葉に込められた本当の難しさの意味を、よく理解できていなかった。心のどこかで、どうにかなると思っていた。それは相武も磯部も同じであった。大野たちがインターナルブランディングの本当の難しさに直面するのは、アイデアコンテストが開催された後の話である。ただこの時は、組織変革室のメンバーは全員希望に燃えていた。

組織変革室は、アイデアコンテスト「78ＮＥＸＴ」を開催するための準備に入っていた。コンテストはお祭りだというマスターの助言を受けて、相武の発案でキックオフイベントを開催することにした。広報の仕事を長年担当してきただけあり、相武はイベントの仕切りには慣れていた。昼休みの時間に本社でキックオフイベントを開催し、本社に集まれない工場勤務の社員に向けてはネット中継を行うことにした。

まずは北里社長が開会の辞を述べた。

「どんなアイデアでもいい。未完成でもいい。そのアイデアの実現に取り組んで失敗してもいい。それでも北電機を変えたい、何かを前進させたいという思いを、78ＮＥＸＴでは高く評価します。ぜひ挑戦してください」

北里社長には「失敗してもいい。チャレンジ精神を評価する」という78NEXTの目的を明確に伝えてもらうようお願いしてあった。スピーチは堂々としたものだった。

続いて北電機の地元で活躍するアスリートを呼び、講演を行ってもらった。そのアスリートは高校時代の練習中に選手生命に関わる大怪我をし、医師からスポーツの世界に戻るのは難しいと言われた。だがそれをバイタリティーに変え、今はパラリンピック出場を目指してアスリート生活を続けている。そうした経験から諦めない心、まさに七転び八起きマインドを語ってもらった。

社内で開催されるアイデアコンテストに、わざわざ外部からゲストを招いて講演まで行う。こうした動きは過去になかったため、社員からは驚きの声があがったようだ。

「同期や後輩たちの間でも話題になってるっぽいです。自分も応募したいと言ってくれる人が多くて驚きました」

磯部は興奮気味に報告してきたが、1月の頭に組織変革室が設けられてから数カ月でアイデアコンテストが開催されるまでになったのだから、応募するかどうかはさておき、北電機が何かしら変わろうとしている空気は、社員も感じ取っているようだ。実際イベント後のアンケートでは157名の社員が応募したいと答えてくれた。

北里社長は表立って何かを言ってくるわけではないが、組織変革室の要望には答えてくれるし、キックオフイベントの後には大野たちに「頑張ってくれているね」と声を掛けてくれた。

組織変革室の活動をじっと見守るという姿勢を貫く北里社長に大野は胸を打たれた。絶対に上手くいくという根拠のない自信がみなぎってくるのを感じた。

キックオフイベントから約1カ月の応募期間を設け、10月末に応募を締め切り、11月に審査会を開催する。早ければ翌年1月から、アイデアコンテストで優勝した案の実現を目指して、応募者を中心とした実行チームを編成していくという流れだった。応募期間が始まると、すぐに20件ほどの応募があった。メールで企画書が届くたびに、大野たちは喜びの声をあげた。嬉しかった。社内から反響がある。その一つ一つに喜びが湧いた。

しかし、応募開始から1週間も過ぎると、途端に応募が来なくなった。

「なんかおかしいですね。僕のリサーチでは、もっと応募があるはずだったんだけどな」

「私ももう少し集まると思っていたんだけど、アイデアのレベルはさておき１００件くらい来ないと、ちょっと盛り上がりに欠けますよね」

「キックオフのときに、僕に向かって応募したいって言ってくれていた社員も何人かいたのに、あれは社交辞令だったのだろうか」

組織変革室の三人の顔は徐々に曇っていった。

「でも締め切りに合わせて、駆け込みで応募が集まるかもしれませんよ」

磯部は努めて明るく言った。しかし、応募の締切日、組織変革室のもとに集まっていた企画書は56件だった。

思った以上に応募数が伸び悩んだ。なぜだろう、いくら考えても大野はわからなかった。キックオフイベントで行ったアンケートでは157名の社員が応募の意思を示してくれた。そこから100名以上が脱落したことになる。応募期間は1ヶ月しっかり設けたし、企画書のフォーマットは書きやすいようにA4用紙1枚の簡単なものにした。今は繁忙期でもないし、仕事が忙しくて応募できなかったという可能性は低いはずだった。

もしかすると、熱くなっていたのは自分たちだけだったのかもしれないという嫌な考えが浮かんだ。敗者復活制採用が成功して、すっかり社内を活性化できたつもりでいた。だが、1000人近くの社員がいる北電機において、盛り上がっているように見えたのはごく一部だけで、大多数の社員はまだ冷めたままなのかもしれない。

会議室で大野が頭を抱えている間、磯部はあちこちに電話をかけていた。コンテスト開催前に磯部がアプローチして応募意向を示してくれた20人のうち、応募しなかった社員が8名いた。磯部は彼らに電話をして、応募をやめた理由を聞いているようだ。磯部なりに責任を感じているのだろう、電話口の磯部は焦りからか明らかに早口になっていた。

何件目かの電話を切ると、磯部は大きくため息をつき、口を開いた。

「なんとなく理由が見えました」

大野と相武は磯部を見つめた。

「応募すると言ったのに応募しなかった8人のうち、5人に話を聞いたんですけど、どうやらみんな企画書は書いてたらしいんですよ」

「え、どういうこと?」

「はい、それで書いた企画書を、上司が見せろと言ってきたらしいんです。それで見せたら、こんな案は出すだけ無駄だと詰められて、応募したくてもできない感じだったみたいです」

「何よそれ、ひどすぎる。やっぱりこの会社は……」

相武は持っていたペンを強く握りしめた。

「意欲ある部下のアイデアを上司がひねりつぶしているってことか。まさかここまで北電機が深刻な状況だとは思わなかった」

大野は両手で頭を抱え込み、ため息をついた。これからどうすればいいのだろう。集まった56件の応募を審査会にかけるのか。キックオフイベントもやったし、社内ポスターも貼った。あれだけお金をかけて、この程度しか集まらなかったのかという反応は目に見えている。それに、せっかく考えたアイデアを上司に否定されて応募できなかった若手社員たちが、不憫でならなかった。七転び八起きマインドと言っておきながら、彼らには1回転ぶチャンスすら与えられなかったのだ。これでは普段の仕事と同じではないか。応募を開始してから、組織変革室は審査会の段取りに追われて、応募状況の経過確認が疎かになっていた。もっと注意を払っていれば、何らかの対処ができたかもしれない。大野は組織変革室長としての自分の未熟さを責めた。

「上司に否定されても勝手に応募しちゃえばよかったのに」

「相武さんだったらそうするでしょうけど、そんな強い社員はうちには少ないんですよ。みんな真面目ですし」

「ちょっと磯部君、私が不真面目みたいに聞こえるんだけど？」

「すみません、そういうつもりじゃないっす」

「まあ二人とも落ち着こう。それよりこれからどうするかを決めなくちゃいけない」

「でも審査会の日取りはもう決まっています。開発部、品質管理部、営業部、製造部、経営企画部の管理職クラスに審査員をお願いしていますし、アイデアコンテスト自体をとん挫させるわけにはいきませんよね」

「そうなんだけどさ、56件ってやっぱり少ないよね。何とかして追加の応募を集められないかな」

「単純に応募期間を延長しても、また同じことが起こる気がします」

「そうだよね。言い方は悪いけど、どうやって上司たちの目をかいくぐるか」

しばし沈黙が流れた後、相武が独り言のように呟いた。

「この狭い会議室に何人か呼んで、こっそり企画書を書いてもらいますか」

「それ、なんかやましいことしてるみたいで嫌ですね」

「いや相武さん、それはいいアイデアかもしれない」

「えっ、本当にここに呼ぶ気ですか？」

「いや、そうじゃない。大事なのは、上司の目を気にせずに企画書を書ける場を用意するってことだよ」

「たしかにそうですね」

「それとも一つ、マスターの言っていたお祭り感は貫きたい」

「そうか、ラストチャンスイベントみたいな感じですね」

「そうだよ相武さん。応募しそこねた人でもその場で企画書を作って1時間くらいで応募できるラストチャンスイベント。これをやろう」

相武はおもむろに立ち上がり、大きく伸びをした。

「よーし、どうせなら最後だし派手にやりましょう。大野さん磯部君、何かアイデアありませんか？」

「僕はいつも何か悩んでる時はBAR PLANETに行くんだけどさ、マスターと話すとスッキリして、何かしら答えが見えてくるんだよね」

「まさかBAR PLANETを貸し切って、そこでイベントやろうとしてます？」

「うん、それも一瞬考えたけど、あそこは狭いからね。もっと大きいスペースでやりたいよね」

「なるほど」

「だからさ、僕たちでバーみたいなことをやるってのはどう？」

「大野さん、それナイスです。アイデアＢＡＲですね」

「そう、アイデアＢＡＲだ。そこで僕らがアドバイスしながら、出来るだけ多くの社員に企画書を作ってもらおう」

「そうと決まれば早速動きましょう。審査会まで時間ないですよ。大野さんはささっと企画書まとめて承認もらってください。磯部君は前にアプローチした人を中心に参加を呼びかけてみて。私は会場の手配と告知をやりますので」

組織変革室は再び熱気に包まれた。アイデアＢＡＲは異例のスピードで実現され、３日間の開催で32人の追加応募が集まった。終業後とはいえ社内イベントということで、アルコールの提供は中止になったが、お茶やジュースを片手に参加者と組織変革室の三人はさまざまなアイデアについて議論を交わした。応募期間中に集まった56件と合わせて、全88件の案が審査会にかけられることになった。


11月某日、アイデアコンテスト「78ＮＥＸＴ」の審査会は、組織変革室の三人と、開発部、品質管理部、営業部、製造部の管理職４人で開催された。本来であれば経営企画部長の稲積も参加する予定だったのだが、急な予定が入ったということで欠席になっていた。審査員には、集まった88件のアイデアを事前に共有して目を通してもらっていた。審査会ではそれぞれが推薦する案を挙げてもらい、役員による二次選考に進める案を最大10個まで選ぶという段取りになっていた。

まずは議長の大野が挨拶をした。

「本日はお忙しい中お集まり頂きありがとうございます。このコンテストは北電機の未来に向けて、ゼロからイチを生み出す機会です。北電機がこれまで大切にしてきた、そしてこれからも大切にしていくべき七転び八起きマインドを体現した案を選び、実際に形にしていきたいと思います。よろしくお願い致します」

パチパチとまだらな拍手が飛んだ。

「それでは早速審査に入っていきましょう。一人ずつ、良いと思った案を発表していく形にしたいと思います。まずは開発部の前田部長、お願い致します」

前田は入社から30年以上ずっと開発畑を歩んできた開発部の重鎮であり、大野の父である守と一緒に仕事をした期間も長い。そんな前田が審査員を引き受けてくれたとあって、大野は期待を抱いていた。前田はゆっくりと立ち上がり、口を開いた。

「皆さんご承知の通り、近年の北電機の製品はＯＥＭが中心であり、全くオリジナルの開発というのはしばらく実現できていない状況であります。そんな折にこのコンテストが北里社長の肝いりで開催されるとあって、私はほのかな期待を胸に抱いておりました。私も20歳若ければ応募していたところです」

微かな笑い声が静かな会場に響いた。

「ですが、実際に集まった案を拝見しまして、私の期待は打ち砕かれました」

前田の言葉で、組織変革室の三人に緊張が走った。

「一言で申し上げますと、どれもレベルの低い絵空事と言わざるを得ません。私は開発の人間ですので、新製品に関する案を中心に審査しました。開発というのは世の中のニーズに応えることも重要ですが、前提として自社の技術をどう活かすかということを考えなくてはならない。その視点が抜け落ちている案が多すぎる。そしてもう一つ大切なのは、開発コストを回収できるかという点です。これも全く考えられていない。とても検討に値するものではありませんん。結論として、申し訳ないですが、私が推薦したい案はありません。以上です」

会場に重い沈黙が流れた。集まった応募の内容は、約半分が新製品について、その他の半分が新規事業や業務改善についてのものだった。前田によって、案の約半数が否定されてしまったことになる。最初に口を開いたのは相武だった。

「た、たとえばですけど、この営業部の社員から出ている高機能お掃除ロボットの開発なんかはどうでしょうか。お掃除ロボットに監視カメラを取りつけて、シニア世代を見守るという案ですけど、お掃除ロボットなら北電機の強みである半導体をたくさん使いますよね」

前田は気だるそうに答えた。素人が余計な口を利くなといった感じの表情だった。

「君は、以前うちが中国に工場を建てた後にリーマンショックが起きて、撤退したことは知っているだろうね」

「もちろん知っています」

「たしかに我が社は半導体関連の製品を製造し続けてはいるが、ＯＥＭが主力であって自社製品はほぼゼロの状態だ。それを新規で最終製品を開発するなんで、どれだけ費用がかかるかわかって言っているのかね」

たしかに応募された企画書には開発費の試算も回収計画も書かれていなかった。相武は今にも消え入りそうな声で返答した。大野は、こんな相武の姿を見たのは初めてだった。

「でも言ってしまったら、どの案も大なり小なりの資金が必要だと思います」

「私からも一言よろしいでしょうか」

発言したのは営業部の副部長である平岡だった。

「じゃあ仮にそのお掃除ロボットができたとして、どこに置いてもらうか。そういう視点も欲しいわけですよ。それをうちの営業部があちこちにお願いして回って、お掃除ロボットを置いてもらう棚を確保してもらうように手配しないといけないわけですよ。これはうちの部の社員の案だから、そういうことが書いてないのは本当に情けない。教育不足を反省しているところです」

「それは部署ごとに担当する役割がありますので、もちろん新製品ができたら営業部にご協力いただいて販売ルートも確保していかないといけませんよね」

「だから、そういう細かい計画が、この企画書には一切書いてないわけですよ。こういうのを絵に描いた餅と言うんですよ。開発する、でもその先は何も考えていない。残念ですが、私も役員たちに推薦したい案はありませんでしたね」

平岡副部長は若い頃から営業部で一、二を争う売り上げを叩きだし、北電機では異例のスピードで出世してきた男だ。口も達者だし声も大きい。他の審査員たちは黙って頷くだけだった。相武も下を向いてしまっている。見かねた大野が口を開いた。

「では、このセキュリティセンサーはどうでしょうか。家のドアにセンサーをつけて、鍵が開閉されるとスマートフォンに知らせが行くというものですが、子どもを持つ共働き夫婦にとっては需要がありそうに思えます。私も小さい子どもがおりますので、凄くいい案だと思うのですが」

「まあ社会的貢献度は高いと思うけれど、これもお掃除ロボットと同じですよ。開発して採算が取れるんだろうか。いくらで開発していくらで売ればいいのか、作るにはどこと組めばいいのか、売るにはどこに置けばいいのか、全く考えられていないわけですよ。この会社の若手は企画書というものを書いた経験が少ないから仕方ない部分もあると思いますけど。それなら組織変革室の方できちっと応募フォーマットを作ったりしても良かったのではないでしょうかね」

平岡の言う通りだった。大野は応募のハードルを下げるために、あえて応募様式は簡易的なものにしていた。その結果として、審査員たちは書かれているアイデアよりも、書かれていない実現性に注目してしまっていた。最低限必要な項目は設けるべきだったかもしれないと大野は後悔した。

畳み掛けるように発言したのは品質管理部の課長である白石だった。

「いやあ、実は私も推薦案を選べなかったんですよ。自分だけじゃないかと思って内心不安だったんですが、お二人も同じということでホッとしました。これ、一言で言っちゃえばどのアイデアも弱いんじゃないですかね。社運をかけた開発になるかもしれないのに、思いつきでどうこうされてもね。みなさんもそう思うでしょ？」

審査員たちがまた黙って頷いた。白石の言葉を聞いて、大野は自分たちと審査員の間に認識のずれがあることを感じた。

――社運をかけた開発――。

いつの間にか、コンテストの目的がすり替わっていた。78NEXTの目的は、社内に七転び八起きマインド、つまり失敗を恐れず挑戦する意識を育むためのシンボリックファクトを作ることだ。そのために必要なのは、北電機のかつての姿を思い出させるような独創性や創造性だ。だが、審査員たちは事業性という視点でアイデアを評価している。それでは、多くの案が落とされて当然だ。評価方針については事前にメールで説明していたが、充分に伝わっていなかったらしい。初めから目指すものがずれている審査会など、うまくいくはずがなかった。

――このままではまずいな。

大野はさらにいくつかのアイデアを挙げ、これはどうか、あれはどうかと意見した。しかし、審査員たちにことごとく言い返されてしまう。何を言ってもさまざまな角度からデメリットを並べられ、実現は難しいという結論に導かれてしまうのだった。とどめを刺したのは開発部長の前田の言葉だった。

「北電機はものづくりの北電機と言われてきたんです。そんな中途半端なものを出しては先代に申し訳が立たない。北電機のプライドを守らないといけない。大野君、君のお父様とは入社以来の付き合いで、私に開発のいろはを叩き込んでくれた人です。コンテストだろうと何だろうと、中途半端なものを作って、お父様に申し訳ないとは思いませんか？」

〝本当にそうだろうか？〟と大野は思った。父の守がこの場にいれば、多少未熟なアイデアでも光る点を見つけて拾い上げ、思考錯誤しながら前進させていくのではないだろうか。それが北電機の七転び八起きマインドではないだろうか。それとも、父は自宅では仕事について楽しそうに話していたが、実際は前田のように実現性やコストについてシビアに悩んでいたのだろうか。父も職場では厳しい顔で若手のアイデアを批判していたのだろうか。大野は返す言葉を必死に探したが、頭の中では前田の言葉や父の顔、社長からかけられた期待の言葉、ヒアリングで同期の橋本が浮かべた哀しげな表情などがぐるぐる回っていて、ついには押し黙るしかなかった。

しばしの沈黙が流れた後に口を開いたのは、審査会が始まってから一言も発していなかった製造部長の伏見だった。

「あの、この状況でなかなか申し上げにくいのですが、私は推薦したい案を3つほど、選んで参りました」

組織変革室の三人が揃って伏見の方を見つめた。これでやっと審査会が前に進む。恰幅のいい伏見は助け舟に乗った恵比寿様のように見えた。

「はい、伏見部長。それでは選ばれた案を教えて頂けますでしょうか」

「えーと、番号で申し上げますと18番と39番と58番なんですけど、詳細はお手元の企画書を見て頂くとして、私はこれらの案に、何て言うんでしょうね、可能性みたいなものを感じたので、ぜひ役員の皆さんにも見て頂きたいと思ったわけなんです」

「じゃあ上げるのはその3案でいいじゃないですか。これで審査会は終わり、それでいいですね？」

営業部の平岡の言葉に審査員たちは揃って頷き、議長の大野が閉会の言葉を述べるのも待たずに各々会議室から出て行ってしまった。組織変革室の三人はその様子を黙って見送っていた。審査会は散々だったが、とりあえず二次審査に3案を進めることができる。それだけで今日はいいじゃないかと大野は自分に言い聞かせた。

「いやぁ、組織変革室も舐められたもんですね」

磯部が努めて明るく言った。

「すみません大野さん。私少しでも口を開いたら、また余計なことを言いそうで黙っていたんですけど、途中から腹が立って腹が立って。本当にこの会社の管理職にはがっかりしました」

「とにかく否定から入ると言うか、お前ら余計なことするなって圧がもう半端なかったですもんね。伏見部長がいなかったらどうなっていたことか」

「そうよね、無駄かどうかなんてやってみないとわかんないでしょ。どうしてああやって全部否定するかな」

相武と磯部の不満は止まらない。二人でずっと文句を言い続けている。しかし大野は口を開かない。しゃべる気力も失せてしまったようだ。

「大野さん、そんなに気にすることないですって」

「そうですよ、二次審査に向けて、もう一回僕たちで作戦会議しましょうよ」

「……」

「大野さん？」

「ごめん、二人とも今日はありがとう。でもさ、前田部長たちにちゃんと意見できなかったのは室長である僕の責任だ。頭を冷やしたいから、少しだけ時間をくれるかな」

「大野さん……」

二人は今の大野にこれ以上何を言ってもダメだと思ったのか、静かに会議室を後にした。大きな会議室に一人残された大野は、しばらく座り込んで頭を抱えていた。

解説

中間管理職の巻き込み方

組織風土変革の主役は若手スタッフであるべきですが、最大のキーパーソンは、中間管理職の方々です。中間管理職が前向きになってくれるかどうかで成否が大きく変わります。

しかし、中間管理職はとにかく忙しい状況にあります。特に昨今、コンプライアンス対応で書かなくてはいけない書類は増え、働き方改革で部下の残業時間のコントロールをしながら、リモートでの新しい働き方へのアジャストをしながら、この不況下で成果を出さなくてはいけないという、つらい立場にあることと思います。

だからこそ、最初に巻き込まなくてはいけないのが中間管理職になります。少なくとも彼らの共感を得られなければ、組織風土変革の取り組みは前に進まないからです。

必要となるアクションは、

①中間管理職だけを集めた、丁寧な説明会の実施。ただし、時間は長くとれないので、プロジェクト側で複数回開催するなど、忙しい先方の事情に合わせた動きを取ることが必要です。

②具体的に動いてもらうというよりは、側面からの応援をしてもらうように要請すること。旧来のインターナルブランディングでは、中間管理職の方々に旗振りをお願いするケースもあ

りましたが、負荷としても大きすぎますし、旗振りは若手スタッフがやったほうが結果的にはうまくいくことが多いです。あくまで工数を増やさない範囲で、ただし変革に対して反対の意見を言ったりせず、できる範囲で応援してもらうスタンスを取ってもらうというのが、ちょうどよい距離感であると考えています。

もう一つ特効薬的に有効な手段が、各部署に貼るというやり方です。①の説明会の後、中間管理職一人ずつの写真とメッセージ入りの応援ポスターをつくり、人は一度見せた顔と矛盾する行動をとりにくいため、真摯に説明して共感の度合いが高いうちに、形として残しておくと、その後も応援団であり続けてもらえる可能性が高くなります。

組織風土変革自体は、長期的に見ると中間管理職一人ひとりの業務負荷を減らし、やりたいことの後押しになるものではあるはずなのですが、直近でいえば部下の工数を取られる可能性が高くなり、自分がマネジメントしている外で残業される可能性も出てきます。アイデアコンテストを進めていけば、最終的に自分の部署から若手を引き抜かれる可能性すらあるので、諸手を挙げて賛成という人ばかりではないでしょう。真摯に理解を求めつつ、時に強引に前に進める調整力も求められるポイントです。

KEY LINES

「失敗してもいい。チャレンジ精神を評価する」

アイデアコンテスト型でインターナルブランディングの取り組みを行う一つのメリットは、失敗を許容する文化の醸成にダイレクトに取り組めることである。多くの企業が昨今、企業変革を必要とする理由の一つに、イノベーションを生む組織に変わっていきたいということが挙げられる。イノベーションを生む組織になるためには、失敗を許容し、その中で学ぶということを覚えていく必要があるが、それを実地で学べる一つの方法を提供できることになる。

一つポイントを挙げるとすると、アイデアコンテストで案が通過した人だけではなく、応募した人全員を会社として称賛し、評価する仕組みを作っておくことがとても重要だ。

【事例：バリューコマース株式会社】

バリューコマース株式会社では、社長をはじめとして各部門長が積極的に
参画することで、インターナルブランディングの円滑化に成功しました。
ポスターでは、各部門長が「ともに拓く」というビジョンワードに基づいて、
自分たちの部署はどのように変わっていくのかを語っています。
応援ポスターは社内への浸透ツールになるだけでなく、
インターナルブランディングに関わる社員にとっては心理的安全性の源となり、
部門長のお墨付きの下で堂々と活動を進めることができます。

第6章 教会は屋根からつくれ

大野はＢＡＲ　ＰＬＡＮＥＴのカウンターに一人で座っていた。マスターは黙ってグラスを磨いていた。マスターの経験上、落ち込んでいる客に「何かありましたか？」と声をかけるのは得策ではない。客が頭の中を整理して、自分から言葉を発するのを待つ。それがマスターの接客スタイルだった。

入店してから15分くらい経って、大野は審査会のことを話し始めた。そして話し終わると深いため息をついた。

「マスターがこれからが大変だって言ってたでしょ。あのときの自分には分からなかったですけど、こんなに大変だとは」

「やはりアイデアクラッシャーが登場しましたか」

「アイデアクラッシャー？」

「はい、審査会でことごとく大野さんのご意見を論破した審査員の方々ですね。彼らのような人のことをアイデアクラッシャーと呼ぶんです」

「そうか、アイデアを壊しちゃうってことですね」

「そうです。例えば会社のプライドにかけてとか、慎重に慎重を重ねるべきとか、いい案があれば協力は惜しまないとか、いかにも会社のためを思って話しているような言い方をされてたんですよね」

「その通りなんです。何かにつけては会社のためとか、社運をかけて成功させないといけないとか、そんなことばっかり言うんだけど、全部否定するんです」

「もちろん、新規事業の立ち上げや新製品の開発といった改革は、大きなリスクを伴うものでもあります。失敗したら会社はダメージを受けるかもしれない。しかし挑戦しなければ、今までとは違うアプローチをしなければ、会社は殻を破って成長することができません」

「そうなんですよね」

「審査員の皆さんたちは、もちろん会社を良くしたいとは思っているのですが、それ以上に今の会社のままで良いともともと思っています。なので口では会社のためと言いながら、現状維持につながる行動を選んでしまいがちです。彼らにとってはそれが正しいことなのです。こういった『エセ正義の味方』は、会社の成長を妨げる大きな要因です」

「エセ正義の味方、納得です」

たしかに、ここ最近の北電機の業績は悪くはなかった。北里社長のコストカット政策もあったし、OEM中心とはいえ売上も安定していた。ここ数年はボーナスもわずかではあるがアップしている。こうした現状維持の体制を10年ほど続けてこられたのも、言ってみれば従順で、目の前にある仕事を一生懸命こなそうとする社員が多かったということの裏返しでもあるような気がする。しかし現状維持を死守しようとする気持ちが、いつしか社員の自主性やチャレンジ精神を削いでしまった。審査員たちがアイデアクラッシャーになってしまったのも、ある種の必然なのかもしれない。

だが、北里社長は守りのフェーズから攻めのフェーズに転じようとしている。そうなると、これまで北電機を支えていた守りの価値観は、変革の妨げとなってしまう。これを変えるのが組織変革の真の役割なのかもしれないと大野は気付いた。そして、それはとてつもなく大変なことのように思えた。

「たしかに、審査員の皆さんの気持ちもわかるような気がします。会社が大変だった時代を、先頭に立って乗り越えてきた世代ですし、変なことをしてまた会社を逆境に追い込むようなことはしたくないんでしょうね」

「みなさん生活がありますからね。大企業でも倒産する時代ですから。新規事業を立ち上げても、上手にやらなければ会社の状況を悪化させてしまいます。予算が潤沢にあるわけでもないご時世ですから、経営面のやりくりも大変でしょうね」

「それはわかるんですけど、それだと永遠にイノベーションなんて生まれないでしょう」

「大野さんのおっしゃる通りですよ。会社というのは経済活動によって社会に貢献することが使命です。目の前にある仕事をこなして会社をサバイバルさせることは大事です。しかし社会への貢献度を高めていくためには、新しい挑戦を続けなければいけません」

「父が現役だったころの活気のある会社は、きっと社会をもっとよくしたいという思いが強かったんだろうな」

「そうでしょうね。それがモチベーションだったでしょうし、社会から評価されることで、自分たちのやっている仕事や会社そのものに誇りを持っていらっしゃったことでしょう」

「そうですね」

「失敗を恐れて何も動かない会社なんて、死んでいるのと同じです」

「マスター……」

マスターの顔が一瞬暗くなったような気がした。時計を見ると、21時を回っていた。今帰ったら娘の美香がギリギリ起きているかもしれない。でも何だかモヤモヤして家に帰ろうという気持ちが湧かない。このまま家に帰っても、あれこれと考えこんでしまって、妻の明日香を心配させてしまうだろう。


大野がもう一杯だけおかわりをしようとしたその時、これまでずっと沈黙を守ってきたバーの扉が、勢いよく開いた。

振り向くと50歳前後に見える女性が立っていた。クリーム色のかっちりしたスーツに身を包み、左手には男性物のように重厚感のある腕時計をつけていた。トサカ前髪とまではいかないが、バブルの時代に流行ったスタイルを今風にアレンジしたような不思議な髪型をしていた。このバーにもお客さんが来るのだなと大野はしみじみ思った。

「こんばんは」

「こ、こんばんは」

大野は慌てて返事をした。返事をした後に、今の挨拶は自分ではなくマスターに向けられたものだろうと気付いて少し恥ずかしくなった。ＢＡＲ ＰＬＡＮＥＴで他の客と会うのは初めてだったので、どう振る舞えばいいかわからなかったのだ。

女性は大野との間に椅子を３つ空けて座った。

「マスター、水割りお願い」

「ヒロミさん、今日は飲んで来られたようですね」

「あーちょっとだけ、ほんとーにちょっとだけよ。取引先と会食だったからさー」

ヒロミさんと呼ばれた女性は狭い店内全体に響くような大きな声で話した。マスターとの接し方を見た感じ、彼女はＢＡＲ ＰＬＡＮＥＴの常連のようだった。マスターが慣れた手つきで水割りを作り上げ差し出すと、一気に半分ほど飲み干した。

「ＢＡＲ ＰＬＡＮＥＴに二人以上お客さんがいるなんて、だいぶ人気店になったみたいね」

「ええ、私の努力が認められてきたのでしょうかね」

マスターは大野と話す時と同じように優しく微笑みながら冗談を返した。

「何かお話し中だったかしら？ 邪魔してたらごめんなさいね」

「いえいえ、そんなことないです。大した話じゃないんで」

大野は慌てて反応したが、内心ではマスターへの相談が途中で打ち切られたことを残念に思っていた。いつもＢＡＲ ＰＬＡＮＥＴに来た時は解決の糸口が見えてスッキリした心持ちで帰路についていたのだが、今日はまだモヤモヤが消えていない。だが、自分と同じように、ヒロミさんもマスターと話したいことがあって来たのかもしれない。そうだとしたら、自分が逆に邪魔になってしまう。今日はこの辺で切り上げようと思い、カバンから財布を取り出そうとしたところで、マスターに声をかけられた。

「大野さん、こちらは矢部ヒロミさんです」

「よろしく、矢部です。ここではヒロミさんって呼ばれています」

「あ、大野です。よろしくお願いします」

その口ぶりから、BAR PLANETの常連であることは間違いないと大野は思った。常連客を紹介してもらえるということは、自分も常連として認められているのだろうか。大野は少し誇らしい気分になり、もう少しだけここにいようと思った。

「実は、いずれ大野さんにヒロミさんを紹介できたらと思っていたのです。今日はグッドタイミングです」

「え、僕にですか？」

「あら、そうだったのね」

そう言うとヒロミは大野の隣の椅子に移動し、乾杯を求めてきた。おどおどしながら大野もグラスを傾けた。

「大野さんからアイデアコンテストのことを聞いて、これは必ずアイデアクラッシャーが登場すると思っていたんです。案の定、アイデアクラッシャーが登場しました。このままではアイデアコンテストが進みません。その解決策として、ヒロミさんの力をお借りしてはどうかと思いまして」

大野は驚いた。どうやらアイデアコンテストに関する話はまだ終わっていない。それどころか、どうやら新しい糸口が見つかりそうだ。

「それは、どういうことなんでしょう?」

「ヒロミさんはフリーのコンサルタントとして、これまでさまざまな企業の組織変革を支援してこられた方です。大野さんの会社が抱えている問題に対処するためには、外部の力を借りるのが一番手っ取り早いと思います。ヒロミさんはサポートにはうってつけの人材だと思うんです」

マスターはまだ状況がつかめていない大野に代わって、ヒロミにアイデアコンテストが立ち行かなくなっている状況をかいつまんで説明した。

「ありがちなパターンね」

ヒロミは相槌を打ちながら聞いている。

「大野さん、それってさ、社内でいろいろやっていてもダメだと思うわよ。新しいアイデアは一度社内と切り離して考えないとさ、このままダメになっちゃうわよ」

「そうかもしれませんけど、じゃあどうやって社内と切り離すんですか?」

「そんなの簡単よ。ね、マスター。マスターもそう思うわよね」

ヒロミは椅子を回転させ、大野のほうに身体ごと向き直した。マスターは静かに微笑んでいる。

「そうですね、ヒロミさん。出島作戦ですよね」

「その通り。マスター、もう一杯水割りちょうだい」

「ちょっとペースが早いようですが、大丈夫ですか？」

出島作戦。ヒロミが言うには、組織変革室のような部署を立ち上げて企業内の改革を進めようとする際に、改革が思うように進まない要因は大きく3種類ある。

1つ目は変革を好まない中間管理職の存在であり、彼らがアイデアクラッシャーとなって改革を妨げる。2つ目はあらゆる動きを遅くする組織構造であり、膨大な社内調整によって改革のスピードを低下させる。3つ目はビジョンに沿った行動をしても評価されない人事制度であり、改革に伴う行動へのインセンティブが働かないため、社内の協力を得ることが難しくなる。3つのうち1つでも存在していると、変革は進みにくい。

組織変革を試みた会社の多くが、この3つの要因のどれかを起点に、思うような成果を出せないまま終わってしまう。そこで解決策としては、この3つの要因を打開するために、社内と切り離した「出島」のような場所を確保することが重要だという。そのためにマスターは、ヒロミを外部審査員としてアイデアコンテストに招集して、エセ正義感をふりかざすアイデアクラッシャーたちの介入を防ぐ議論の場を持ち、採用された案が必要なサポートを受けながら実現へと進むよう、コンテストの立て付けを再設計してはどうかと大野に話した。

「出島作戦ですか、たしかに経験豊富なヒロミさんにサポートしてもらえたら、審査員たちも何も言えないかもしれないですね」

そう答えながらも、大野の心のモヤモヤは消えてはいなかった。


いつもの会議室で、相武と磯部は、大野の話を黙って聞いていた。

マスターとヒロミから説明を受けた出島作戦は、たしかに良い方法のように大野も感じた。ヒロミとパートナーシップを築いてアイデアコンテストを進めれば、ハンコの数が増えるばかりで何も進まない組織構造とは切り離してアイデアを進めることもできる。しかし、ヒロミという外部のコンサルタントに入ってもらうとなると費用が発生する。そして、アイデアクラッシャーの審査員たちから余計に反感を買うだろうというのは当然予測できた。これは大野だけでは判断できないと思い、一度持ち帰って組織変革室で検討することにしたのだった。

「そのヒロミって人、本当に信用出来るんですかね?」

「うーん、マスターが紹介してくれ人だから大丈夫だと思うけど。それに系統としては相武さんに近かったし」

「ちょっと、それどういうことですか?」

「すみません、相武さんみたいにバリバリ仕事ができそうなタイプってことです」

「ならいいですけど。お金はコンテストの授賞式イベントに確保した分があるので何とかなるかもですけど、問題は審査員たちへの説明ですよね。色々ありましたけど、一応審査会では伏見部長が選んだ3案を二次審査に進めるという結論に至りましたし、それを外部のコンサルタントを入れてもう一度開催するなんて言ったら、全員激怒して徹底的に私たちを潰しにくると思いますよ。あなたたちには見る目がありませんって言ってるようなものですから」

「うーん、たしかにそこが一番の問題なんだよね。これから協力してもらう必要が出てくるかもしれないし、組織変革室としては管理職たちを敵に回したくない。でも、あの場に集まった案には、もっと評価されてもいいものが沢山あったと思うんだ」

「僕もそう思います。応募してくれた人たちに申し訳が立たないです」

「実は、審査会の次の日に父に電話してみたんだ」

「大野さんのお父さんって、あの開発部長も審査会で話してましたよね」

「うん、父は新製品の開発もたくさんやってきたし、聞いたら新規事業の検討にも関わったことがあるみたいだった。結局形にはならなかったって言ってたけどね」

「もうお父さんに審査員やってほしかったですね」

「集まった案について、父ならどう思うのか、純粋に気になっていくつか話してみたんだ。それでどれもダメだって言われたら、正直諦めるつもりでいた。でも、いくつかの案について、細かい部分を詰める必要はあるけど、可能性を感じるものはあるって」

「やっぱり」

「それで、父が現役の頃だったらどうするかって聞いてみたんだけど、まずは発案者を呼んで足りない点を指摘するって。発案者一人で解決できない点は、社内の適当な人に頼んで協力してもらうって、そう言ってた」

「そうですよね、アイデアを磨くには色んな人に協力してもらう必要がありますよね」

「今回も何人かチームを組んで連名で応募してきた案はあったけど、もっと協力し合うように言っても良かったかもしれない。例えばアイデアBARで意気投合した社員同士が一緒に応募したりさ。その方が色んな視点が入って、完成度が上がったかもしれないな」

「まあそれは次回への反省ですけど、今から私たちにできるのは、新規事業や新製品開発の知見があるヒロミさんの視点を入れるかどうかですよね」

その時、会議室のドアがコンコンと2回ノックされ、扉が開いた。

「お疲れ様です。ちょっと近くを通りかかったもので、寄らせてもらいました」

立っていたのは製造部長の伏見だった。審査会で唯一、推薦する案を選んできたのが伏見だった。大野たちは慌てて立ち上がった。

「伏見部長、お疲れ様です」

伏見は会議室の隅にあった椅子に座り、ハンカチで額の汗を拭った。大柄な伏見が入ってくると、心なしか会議室の温度が上がったような気がした。

「先日の審査会は大変だったね。皆さんもっと協力してあげればいいのに。何でなんだろう、せっかくのチャンスなんだからさ。そんなに今の会社を守りたいのかなあ。好き放題言われる側の大野さんたちも、何というか見ていて可哀想になりましたよ」

「はぁ、すみません。こちらの準備不足もあったと思います。でも伏見部長が3案を選んでくれたおかげで助かりました」

「これでもちゃんと審査したんだからね。選んだ責任もあるし、実行するってなったらサポートしますよ。あとは二次審査で大野さんたちから役員にプッシュしておいてよ」

伏見は笑いながら言った。長いこと悩んでいたからというのもあるのだろう、大野たちには伏見が仏様のように見えた。

「ありがとうございます。僕たちも何か形にしたいと思うので、よろしくお願いします」

「こちらこそよろしく。それじゃ、お邪魔しました」

伏見は部屋を出るときに三人の方を向いて微笑んだ。伏見がいなくなった後の会議室には、まだ熱がこもっていた。

「大野さん、伏見部長もああ言ってくれてますし、悔しいけど今回はこのまま二次審査に進んでいいんじゃないでしょうか」

「そうだね相武さん、なんだか僕もそんな気持ちになってきた。だって今からヒロミさんを入れて審査会をやり直すなんて、あの審査員たちに伝えられないもの。本当に残念だけど」

「大野さん、相武さん、本当にそれが結論でいいんですか？　組織変革のために絶対に成功させないといけないコンテストなんですよ？」

「うーん、磯部君の気持ちもわかるけど、さすがに今回はここで妥協しても仕方ないと思うんだよね。時間も限られているし」

「そうよ磯部君、コンテストが前に進むだけ良しとしましょう」

もし最初からコンテストをやり直せるとしたら、迷わずヒロミを入れて出島作戦をとっていただろう。しかし、審査会を経て自信を喪失していた大野には、途中からヒロミを入れて再審査を行うという決断はできなかった。

打合せが終わると三人は小さな会議室を出て、自分たちのもう一つの席へと戻っていった。誰もいない会議室には、先ほどの三人のモヤモヤした気持ちがまだ漂っているようだった。

しばらく経ってから、突然にドアが開き、一人の男が会議室に入ってきた。隅にある棚から、コンテストの応募案がプリントされた資料の束を取り出し、カバンに入れると、磯部はそそくさと立ち去っていった。

大野は今日の打合せを思い出しながら自転車を漕いでいた。本当にこれで良かったのだろうか。だがヒロミがいなくてもコンテストは進められるわけだし、間違った判断ではないだろう。大野は自分にそう言い聞かせながら、ＢＡＲ ＰＬＡＮＥＴへと向かう道を走っていた。ヒロミの件について、マスターに断るためだった。ペダルを漕ぐ足はいつになく重かった。

駅前の商店街に入ったところで、大野はポケットのスマートフォンが振動していることに気付いた。妻の明日香には帰りが遅くなるとメッセージを送ってある。その件について怒っているのかもしれない。大野は自転車を止め、スマートフォンを取り出した。画面表示には「磯部君」とあった。

「もしもし大野です」

「あ、大野さん。こんな時間にすみません、コンテストのことでどうしてもお話したいことがありまして、まだ会社にいらっしゃいますか？」

「ごめん、いま帰り道で、ＢＡＲ ＰＬＡＮＥＴに向かってたんだ。ヒロミさんの件を断ろうと思って」

「それ、ちょっと待ってください」

磯部が語気を強めて言った。

「ど、どうしたの？　何かあった？」

「このまま話してもいいですか？　実は、やっぱりヒロミさんを入れてもう一度審査会を開いた方がいいと思うんです」

「気持ちはわかるけど、さっきも話したように――」

「証拠があるんです」

磯部は大野が話すのを遮って、ドラマの中の優秀な探偵のように言った。

「証拠って？」

「実は、さっき打合せしている時に伏見部長が入ってきたじゃないですか。その時に、どんな文脈だったかよく覚えてないんですけど、『これはチャンスだ』って言ったんですよ」

「あぁ、そんなこと言ってた気もする」

「その時に、何て言えばいいかわからないんですけど、妙な笑みを浮かべたんですよね」

「伏見部長は笑顔の多い人だからね」

「そうなんですけど、何て言うか、普通の笑みじゃなかったんです。まるで何か企んでいるかのような、そんな感じでした。一瞬だったんですけど、それがやけに気になりまして」

「ほう」

「それで、ちょっと調べてみたんです。そしたらあることに気付いたんですよ。伏見部長が選んだ3案あるじゃないですか。僕ら審査会のごたごたであんまりちゃんと見てなかったですけど、あのうち2案は製造部の社員によるものだったんです」

大野は磯部が言いたいことが何となくわかってきた気がした。

「もう一つの案の応募者は品質管理部の社員なんですけど、調べたら3年前まで製造部にいて、当時はまだ課長でしたけど、伏見部長の下で働いていた人なんです」

「なるほど、つまり伏見部長は自分とつながりのある社員の案を推薦していたってことだね？」

「その通りです。そう考えると伏見部長が言っていたチャンスという言葉も納得がいくんですよ。あれは会社を変えるチャンスという意味ではなく、自分の管理職としての有能さを示すチャンスだって」

「うーん、深読みし過ぎな気もするけど、辻褄は合うような」

「だから審査会はもう一度やらないといけないんです。なぜなら、前の審査会で純粋に中身を評価されて通過した案は、一つも無いってことですから……」


大野は元来た道を引き返し、自宅へと自転車を走らせていた。これで考えなければならないことははっきりした。いかにして審査員の機嫌を損なわずにヒロミを迎え入れるかだ。

自宅に着くと、妻の明日香と娘の美香が寝静まったのを見計らって、ダイニングテーブルでノートパソコンを立ち上げ、審査会の議事録を開いた。何か突破口はないか、大野は何度も議事録を読み返した。

そして、一つの可能性に気付いた。それは議事録の本文ではなく、1ページ目の上段にひっそりと書かれていた。
日時：11月6日（水）
場所：北電機本社大会議室
参加者：開発部部長前田、品質管理部課長白石、営業部副部長平岡、製造部部長伏見、組織変革室大野、相武、磯部
欠席者：経営企画部部長稲積
そうだ、まだ審査会は終わっていない。

数日後、大野たちはいつものように組織変革室の小さな会議室に集まっていた。一つだけいつもと違うのは、そこにヒロミもいたということだった。

「こんな狭い会議室で組織を変革しろって言うの？」

「いやぁ、まだ立ち上がって一年も経たないですから。それでも磯部君が増えたし、少しずつ実績も出ているので、このコンテストが成功したら来年は変わるのではないかと」

磯部から電話があった次の日、大野たちはヒロミのアドバイザーとしての参画と、前回欠席だった経営企画部部長の稲積を加えた審査会の再招集を北里社長に提案し、承諾を得ていた。組織変革室の面々とヒロミは、再審査会の準備として、アイデアコンテストに寄せられた88案の中から、どれを推薦するかの相談を進めていった。

ヒロミの視点はやはり鋭かった。まず自分が外部審査員であるという立場と、前回の審査会で4人中3人が推薦案を選ばなかったという状況を踏まえて、自分から推薦するのは1案だけに絞るという方針を定めた。そしてその1案（それは審査員たちによって一度落とされているものだ）を確実に二次審査に進めるためには、企画のブラッシュアップ案をセットで示さなければ、他の審査員を説得するのは難しいと言った。

ヒロミは机の上に広げられた88枚の企画書に高速で目を通し、1時間ほどで「アリ」と「ナシ」に選り分けた。組織変革室の三人はヒロミの実力を目の当たりにして驚き、作業を黙って見守っていた。これまでの経験によって養われた、企画書を見る際の要点のようなものがあるのかもしれない。

ヒロミは次の1時間で、「アリ」の束から推薦する1案を選んだ。

「これを提案した津久井ってどんな人？」

ヒロミが目をつけた案を企画したのは、津久井淳という社員だった。大野たちは名前を聞いてもぱっと顔が思い浮かばなかったが、磯部が心当たりがあるといって2本電話をかけ、簡単なプロフィールを仕入れてきた。

津久井は2012年入社で、北電機の子会社である北ソリューションズの開発部に所属している。北ソリューションズは先代である清会長がまだ社長を務めていた2006年に、自社製品の開発に特化した開発部門を独立させて作った子会社だ。大野の父の守も、立ち上げから3

年ほど出向していたことがある。その後、北電機が傾いたことで新製品開発の話は全て宙に浮き、現在はOEM商品の企画および製造がメインになっている。

「案はまだまだ練ったほうがいいけど、視点はいいと思うのよね。津久井って人について他に情報ある？　経歴とか人柄とか何でもいいんだけど」

磯部がノートを見ながら話したところによると、津久井は地方の国立大の工学部を卒業し、開発がやりたくて北ソリューションズに入社したという典型的なタイプだった。だが一言で表すと「地味な社員」というイメージで、仕事ぶりは真面目ながらも、周りを積極的に引っ張っていくタイプではなかった。

それを聞いたヒロミは、北電機のインターナルブランディングを進めていく上でのロールモデルとして最適だと言った。

「コンテストから生まれた新製品というシンボリックファクトがあって、そこから派生する次の北電機像を象徴するような社員像としては、その津久井君というのはぴったりね。どんなに地味な社員でも、子会社にいても、アイデアとやる気があれば、会社として高く評価を受ける。津久井君が成果を出すことで、そういうイメージが社内に広がって、次の挑戦につながっていくのね。彼が頑張ってくれたら、それこそ北電機の新しいスター社員が誕生するように思う。凄くいいじゃないの」

「たしかに津久井君が、これから北電機がどんな人材を評価して、どんな方向に進んでいこうとしているのかを象徴する存在になるかもしれませんね」

「大事なのはストーリーよ。これはやらせでも何でもなくて、人が何かに納得するためには、そこにストーリーがないとダメなの。それも説得力のあるストーリーを見せてあげないといけないのね。それを築いていくために、私や組織変革室のメンバーが全力でサポートしてあげないと。とりあえず大野君たちで津久井君に会ってきてよ。それでもし見込みがあるなら、津久井君の企画にブラッシュアップ案を添えて、再審査会に提案しましょう」

メールで連絡を取ると、津久井淳はすぐに返事をくれた。大野たちと津久井は、北ソリューションズから少し離れた場所にあるファミレスで会うことにした。あまり社外でコソコソというのも気が引けたが、まだ表立って確定されている案件ではないし、津久井の本心がどこにあるのかも判断できない。そこで終業後に会って、一度話ができないかと持ち掛けてみたのだった。

大野たちが先に着いて座っていると、色白で華奢な青年が入ってきた。地味な社員と言われてしまうのも納得できるような存在感の乏しさで、大野たちは津久井の姿を認めるまでしばらく時間がかかった。

「はじめまして、津久井です」

津久井の物静かな佇まいに、彼をスター社員にして大丈夫なのかと大野は思った。席につくと、津久井は店員に何か秘密事を告げるような小さな声でアイスコーヒーを注文した。

「この前応募してくれたアイデアコンテストの件で、実は組織変革室として津久井君のアイデアに着目しているのですが、実際に実行するとなると津久井君の働き方にも影響が出てくると思うんです。仮に採用になった以上は実施まで必ず進めていきたい。そこでちょっと津久井君の気持ちを伺いたいと思ってます」

「そうでしたか、お時間いただいてすみません」

そう言って津久井は本当に申し訳なさそうな顔をした。

「津久井君の企画は、自転車のナビゲーションデバイスでしたよね。これはどんなところから考えられたのでしょうか」

「あ、はい。自分の姉には幼稚園に通う子どもが一人いるんですけど、姉の仕事が忙しいときなんかに自分が姪っ子を迎えに行くことがあるんです」

「なるほど」

「姉は電動自転車にチャイルドシートをつけているんですけど、この辺りはママさんの自転車事故が多いものだから、姪っ子が保育園に通い始めたころからずっと心配していたんです。スマホを見ながら運転しているママさんなんかもたまに見かけます。だから事故を未然に防いだり、盗難防止の機能がついているようなナビゲーションデバイスがあったらいいなと思っていました」

「僕も娘が5歳なので自転車にチャイルドシートをつけて乗っています。ママさんの中には結構なスピードを出している人も多くて、僕も心配していました」

津久井によると、自転車につけるナビゲーションデバイスは海外のメーカーが開発したものがあるそうで、必要な部品の多くが海外で生産されているが、まだまだ高価なので、国産かつ安価で開発できれば需要があるのではないかということだった。

ナビゲーションデバイスは、スマートフォンのアプリを使って目的地をデバイスにインプットしておくと、走行中に方向を示してくれたり、走行距離が表示されたりする。ヘッドライトとしての役目も果たすし、見通しの悪い交差点や交通量の多い通りでは、安全運転を促すようなアラートが出る機能もついている。スマートフォンへの着信を知らせてくれる機能もあるので、走行中にスマートフォンを取り出して確認しなくても済み、運転に集中できる。通信機能やセンサー、そしてバッテリーの制御システムなど、北電機の半導体技術を活用できる箇所は多いはずだと津久井は話した。

また、津久井は大学の電子工学科を卒業しており、所属していた研究室では新しい電子素材の研究に携わっていたという。研究室でお世話になっていた教授やゼミ生と合同で開発することもできるのではないかという話まで、津久井はつたない言葉で、しかし一生懸命思いを伝えようとしていた。その熱意は組織変革室のメンバーに強く伝わってきた。

「津久井君の気持ちはわかりました。実際にこの案が採用されたら、通常業務と並行しながら開発を進めていなかないといけないよね。社内ではこのコンテスト自体に懐疑的な社員もいると思います。津久井君の上司が素直に協力してくれるかどうかもわからない。それでも津久井君は、この開発に取り組みたいと思いますか？」

大野に続いて、磯部が語りかけた。

「津久井さん、もちろん僕たちも協力するつもりです。でも僕らの上司って、けっこう事なかれ主義の保守的な人が多いのも事実ですよね。僕は入社したばかりのころ、いろいろ提案しましたが全部却下されました。認めてもらえないのって、けっこう辛くないですか？」

「たしかに辛いかもしれませんが、自分はいままで全然目立った仕事をしていないというか、自分で言うのもなんですが大人しい性格なので、上司に目をつけられていないと言ったらいいんでしょうかね。自分から何か提案したこともありませんし。だから自分がアイデアコンテストに採用されたとしても、仕事に支障が出ないならそこまで文句は言われないような気がします」

「今まで提案しなかったというのは、どうしてでしょうか」

「人よりも気が長いのかもしれませんね。でも、アイデアを温めていれば、いつかチャンスが来るんじゃないかと思っていました。北ソリューションズは子会社だから、北電機に所属している人たちよりも、少しのんびりしているところがあると言いますか。親会社から依頼のあったものをこなしていれば問題ないですからね。だから、むしろ北電機よりも新しいことはチャレンジしやすいんじゃないかなって思っているんです」

「そうかもしれませんね」

「それにこう言っては何ですけど、周りの人たちは、自分たちの企画が通って実際に事業化されるなんて、本気で思っていないような気がするんです。今まで北電機の停滞期が長すぎたからでしょうか。でも自分は、開発部に入った以上は、自分で何か作ったぞという実感をいつかは持ちたいんです」

「実感ですか」

「はい、だから機会を頂けるなら、自分は頑張ります」

押しが強いわけでも、パワーがみなぎっているわけでもない。けれど勤勉だし、静かな闘志を燃やしている。この津久井という社員に懸けてみたいと大野は思った。


大野たちは、津久井を組織変革室の会議室に招き、ヒロミと対面させることにした。

ヒロミは津久井の目の前で、企画書に対して的確なダメ出しを入れていった。「こういうのは通すためのコツがあるのよ」とヒロミは言う。

「社会的課題との結びつきをもっと強くできないかしら。例えばこれが開発されたら、周辺地域の幼稚園などでデモンストレーションを行ってお試し価格で販売する。それから自治体と提携して、親子の交通安全推進事業と結びつけるとか」

「そうですね。そうすると自分がこの企画を思いついたときの、自転車事故がなくなってほしいという思いが具体化されますね」

反応にスピード感はないが、津久井はヒロミの徹底したブラッシュアップに食らいついていった。その姿を見ながら大野は、これまでの北電機には業務を教えてくれる先輩はいたけれど、社員のやる気に火をつけたり、アイデアをどのように事業化していくかを教えたりといった取り組みはほとんど無かったと思った。初対面の津久井は少し頼りない気がしたが、ヒロミによるレクチャーが進むほど、自信をつけてきているのか、堂々としてきたように見えた。

「これでほぼ大丈夫ね。あえてツッコミポイントをいくつか残してあるけど、それは審査員対策ね。審査会で質問されたら私から返すわ」

完成した企画書を、津久井は宝物でも見るかのようなキラキラした目で、じっと眺めていた。大野は可燃性社員の津久井に火がついたのを目の当たりにした。その燃料は、彼がずっと温めていたアイデアだ。そして着火剤は、ヒロミや組織変革室のサポートによって生まれた、それが実現できるかもしれないという希望だった。

二度目の審査会の幕が切って落とされた。審査員席には、開発部部長の前田、品質管理部課長の白石、営業部副部長の平岡、製造部部長の伏見、前の審査会を欠席した経営企画部部長の稲積、そして外部審査員のヒロミの姿があった。前回と同じく、議長役の大野が開会の挨拶をした。

「えー皆さん、お忙しい中お集まり頂きまして、ありがとうございます。先日の審査会において、二次審査に推薦する3案を決議いたしましたが、経営企画部長の稲積さんが欠席されていたので、本日は稲積さんの推薦案について討議し、二次審査へ進めるか否かを決めたいと思います。また、コンテストをより盛り上げていくために、外部審査員として新規事業や新製品開発の専門家でいらっしゃいます、コンサルタントの矢部ヒロミさんにも参加頂くことになりました。矢部さんにも推薦案を選んで頂いているので、後ほど討議できればと思います。それでは、時間も1時間と限られておりますので、早速審査を始めます。まずは稲積部長から、お願い致します」

大野は昨晩に考えた挨拶を、審査員たちと目を合わせないように気をつけながら早口で言い切った。会議室の空気はスタートから明らかに悪い。いくら社長の許可を得ているにせよ、ヒロミを審査員に入れたことを、他の審査員たちは快く思っていない。だが、一人だけ違う反応を見せたのは、経営企画部長の稲積だった。

「私が先日欠席してしまったばかりに、忙しい皆さんのお時間を再度頂戴することになってしまいまして、大変恐縮しております。私から推薦案につきまして手短にご説明差し上げます。その前に、余談になるのですが、今回外部審査員ということでご参加頂いた矢部さんとは面識がございまして、実は私の自宅の近くに珍しいワインを揃えているバーがあるんですけれども、そちらでよく遭遇している仲でございます。お仕事の話なんかも聞かせて頂くんですけれども、私なんかが申し上げるのも失礼ですが、大変優秀な方でいらっしゃいまして、本日このような場でお会いして驚くと同時に、しっかり審査しなければと身の引き締まる思いでございます。それでは私の選んだ案を紹介させて頂きます」

稲積のよく通る声でのスピーチによって、会議室に一筋の爽やかな風が吹いたような気がした。BAR PLANETはワインを推しているわけではないので、ヒロミと稲積が会っているのは別のバーだろうが、ビジネスの世界というのは狭いものだと大野は思った。

稲積は新規事業、新製品、業務改善に関する案を1案ずつ推薦した。どれも挑戦的というよりは堅実な案であり、その推薦理由もよく整理されていたので、他の審査員たちは口を挟む余地が無いようだった。ただ大野たちが狙うインターナルブランディングのシンボリックファクトとしては、少し物足りないように思えた。

続いてヒロミが推薦案を発表する番になった。提案者の了解を得て、自分の方で案の細部を補足していると前置きした。ヒロミは自転車用ナビゲーションデバイスの概要とニーズの在処、社会的意義、成功した場合の北電機ブランドへの好影響をまず話した。大野たちが聞いていてもワクワクするようなプレゼンだった。その後で開発、生産、販売の具体的な見通しを話し、簡単な見積りを示して発表を終えた。聴き手に明るい夢を見せてから、地に足をつけて実現可能なプランを示すことで、期待感を煽る、シンプルだがお手本のような構成のプレゼンだった。

「矢部さん、ありがとうございました。それではこの案についての討議に移ります。ご意見のある方はいらっしゃいますでしょうか」

議長の大野が切り出した。これからが山場だ。

まず手を挙げたのは品質管理部課長の白石だった。

「この案は悪くないと思いますけど、これってわざわざデバイスを開発しなくても、スマホのアプリで完結してしまうんじゃないですか？　スマホを自転車のハンドルに括りつけておけばいいだけなのでは？」

「スマホ自体を自転車に括りつけておくと、走行中に必要ではない情報も目に入ってしまい、不注意につながってしまいます。このデバイスは安全な走行をサポートする機能に絞りこむことで、事故防止という価値を提供することができます」

続いて口を開いたのは開発部長の前田だった。

「そうですか。でも予算はどうするんです？　開発にそんな予算はかけられないですよ」

「こちらの補足資料にも記載しておりますが、応募者の津久井さんが大学時代に所属していた研究室との合同開発を想定しております。それによって開発に必要な人手を賄うこともできますし、助成金を申請することもできます」

想定される質問への回答を用意しておいたヒロミは、審査員たちの攻撃をひらひらとかわしていく。製造部長の伏見は自分の推薦した3案が通過すれば良いと考えているのか、ヒロミと審査員のやり取りを、腕を組んで興味なさそうに眺めている。最後の攻撃は営業部副部長の平岡だった。

「私からもいいですかね。これ、販路はネット通販を考えられているようですが、それだけでこの販売目標を達成できるんでしょうか?」

「そうですね、こちらはちょうど営業の平岡副部長にご相談しようと思っていたポイントです。御社の中で他に活用できそうな販路はございますでしょうか?」

質問を質問で返されて、平岡は面食らったようだった。少し考えてから答えた。

「だいぶ昔ですが、うちが自社製品を出していた時に、大手のホームセンターと取引がありました。私が担当していたのですが、まだ相談できるかもしれません」

「それは素晴らしい!平岡副部長がご協力頂けるとなれば百人力ですね」

「いや、まだ協力すると言ったわけでは・・・」

平岡は珍しく慌てた様子だったが、悪い気持ちではないのは確かだった。

「そうでした!もう一つご相談しようと思っていたことがございます。合同での開発を考えている津久井さんの出身大学ですが、前田部長もご出身でいらっしゃると伺いました。もしかして津久井さんの出身研究室をご存知ではありませんか?」

突然質問が飛んできて、鉄仮面のような前田の表情に一瞬だけ焦りが表れたように見えた。

「そうですな、この教授とは直接面識があるわけではありませんが、当時の学友とはたまに同窓会で顔を合わせておりますので、何か伝手をたどることはできるでしょう。もし実施されればの話ですが」

「ありがとうございます。大変心強いです。それではそろそろ時間も迫っておりますので、決議に移ってもよろしいでしょうか」

ヒロミはアイコンタクトで大野にバトンを渡した。ヒロミはこの短い時間で、アイデアクラッシャーと思われた前田部長と平岡副部長を強引に味方につけてしまった。プレゼンが秀逸だったというのは前提としてあるが、ヒロミは前田と平岡のプライドを満たしたのだった。アイデアクラッシャーが新しい取り組みを潰そうとするのは、それによって自らのプライドが侵されてしまうからだ。これまで積み重ねてきた実績、手法、価値観など、彼らが社会人人生を懸けて培ってきたものを、新しい取り組みは往々にして否定してしまうことがある。すると彼らは自分のプライドを守るために、新しいアイデアを攻撃する。ヒロミはこの構造を変えた。アイデアクラッシャーを悪とせず、彼らなりの正義を尊重した。新しいアイデアの中に、彼らの居場所を用意した。大野は形式的な決議を採るだけでよかった。

「それでは、前回の審査会で承認された3案に加えまして、稲積部長推薦の3案、矢部さん推薦の1案を、一次審査の通過案と致します」

大野は会議室の時計をちらりと見た。審査会の開始時刻から50分しか経っていなかった。

妻の明日香にメッセージを送ると、「あんまり遅くならないように」と返事が来た。二度目の審査会を終えて、組織変革室の三人とヒロミはBAR PLANETで祝杯を挙げることにした。全員が横並びに座ってしまうと話しにくいので、店の片隅で物置のように使われていたテーブルの上を片付けて、椅子を出してもらった。マスターも含めて5人で座ったので、少し動くだけで肩が触れ合うような狭い空間だったが、今日の審査会を団結して乗り切ったメンバーにとっては心地よかった。

「いやーヒロミさんかっこよかったっす。前はあんなに偉そうにしていた審査員たちがあんなにおどおどしちゃって、見ていて痛快でした」

磯部が興奮気味に言った。聞いていた大野は前回の自分の情けなさを思い出して少し傷ついたが、今日ばかりは飲んで忘れることにした。

「ほんと、どうしてあんなにプレゼンが上手いんですか？」

「そんなの慣れよ慣れ、毎日のようにどこかの偉い人にプレゼンする日々を何年も続けてきたんだから。もちろん慣れてるだけでいつまでたっても下手な人もいるけど」

ヒロミはそう言って豪快に笑いながらビールを流し込んだ。

「でも次の二次審査では、役員たちの前で応募者が自分でプレゼンするんですよね。津久井さん、上手くできるんでしょうか」

「それよそれ、ちょっと心配よね。頭の中には良いものはあるんだろうけど、それを外に出すのが苦手なタイプよね。ちゃんと練習した方がいいんじゃない？」

「他の応募者も呼んで、プレゼン講習会でも開きます？　ヒロミさん講師お願いできませんか？」

「いいわねそれ。でも私さ、自分で言うのも何だけど、そこそこ高いのよ。私よりさ、あの営業の副部長の人とかにお願いする方がいいんじゃない？　話し慣れてそうだし、何より協力者を増やすのは大事でしょ。あなた達はほとんどやって来なかったみたいだけど」

「たしかに、協力者を増やすのが大事だって、今日凄く痛感しました。社長が協力してくれていたので、私たちも少し甘えていたのかもしれません」

「いかに協力者を増やせるかが、組織変革の肝ね。Win-Win ってよく言うでしょ。そのWinが何十人もあるイメージね。会社って、何だかそれ自体で存在しているように思えるけど、結局はたくさんの社員の集まりに過ぎないのよ。それで、社員って言うと、また会社のために存在しているみたいに聞こえるけど、結局は人間なのね。だから、一人一人がちゃんと感情を持って動いているわけよ。それを忘れちゃいけないと思うの。いくら理論的に正しくても、人間の感情に反する改革なんて、絶対に成功しないんだから。私はそうやって失敗してきた会社をたくさん見てきたのよ」

ヒロミはそう言うと、少し寂し気な表情を浮かべてビールを流し込んだ。そんな表情に気付かず、磯部はひたすら明るかった。

「そんな百戦錬磨のヒロミさんがいるんだから、我が社の変革は安泰ですね。知恵を授けてくれるマスターもいるし」

「磯部さん、ヒロミさんは一流のコンサルタントですが、私はただのしがない飲み屋のマスターですよ。ヒロミさん、ビールのおかわりをお持ちしましょうか？」

「水割りでお願い。濃ーくつくってね」

「かしこまりました」

マスターが席を立ってカウンターに向かうと、大野はずっと気になっていたことをヒロミに聞いてみた。

「ヒロミさんは、マスターと長い付き合いなんですよね」

「そうねぇ、もう10年以上になるかしらね」

「ということは、ヒロミさんは昔のマスターをご存知なんですよね」

「もちろん知ってますとも、だって私がマスターの会社をコンサルしていたんだもの」

大野たちは驚いて思わず声をあげそうになったが、カウンターのマスターに気付かれないように押し殺した。

「ということは、マスターは以前会社をやってたってことですか？」

「そうよ。えっ、知らなかったの？」

「はい、それだけは教えてもらえなかったんです。僕たちの悩みに何でも答えてくれるから、ただ者じゃないとは思っていたんですけど」

「あらそうだったの。まぁここまで言っちゃったから最後まで話すけど、マスターはね、20年くらい前にサンフランシスコでソフトウェアの会社を立ち上げて、一時期は従業員数が200人くらいまでいったかな、現地ではけっこう有名な存在だったのよ」

あんぐりと大口を開けたままマスターを凝視する磯部を、相武が肘で小突いた。

「そんなふうには全然見えないな」

「でしょ、今ではすっかりくたびれたバーのマスターって感じだけど。でもわざとやってるんでしょうね。あの白髪も、キャラ作りのために染めてるらしいから」

ヒロミは豪快に笑いながらナッツを数粒つまみ、口に放り込んだ。

「えっ、そうだったんですか。そもそも何歳くらいなんですか？」

「どうだろう、ああ見えて40後半とかじゃない？　当時はいかにもスタートアップの社長って感じで、Tシャツとジーンズで厳しい顔して働いていたわよ。でもね、あの業界って競争がとにかく激しいし、スピード勝負なところがあるから、彼の会社は上手くいかなくなっちゃったのよね」

「そうだったんですか」

「起業して間もない頃はさ、社員数も少ないから社長の目が行き届くんだけど、彼によると100人超えたあたりから、目が行き届かなくなっちゃったのよね。市場はスピード勝負なのに、たった一つの決裁を下すまでに時間がかかったり、そのうちベンチャー気質を持った社員だけじゃなくて、業績のいい会社にぶら下がりたい社員も入ってきちゃうしね」

「安定思考ですね。前にマスターが野武士理論の話をしてくれたのを思い出しました」

「あぁ、彼のお気に入りの理論ね。西海岸だろうと日本だろうと、そうなると組織って硬直化しちゃうの。イノベーションなんて生まれなくなっちゃうのよね。だから彼は社長を退任して、残された社員が困らないように、５年前に大きいＩＴ企業に売っちゃったの。私もコンサルタントとして関わっていたからね、その時は辛かったわよ」

「でも会社を売ったってことは、もしかしてマスターって大金持ち？」

相武が目をキラつかせながら聞いた。

「そうねぇ、売却金額はそれなりに大きかったけど、当時彼の側近として働いていた社員のうち何人かが、大企業の資本に入るくらいなら独立するって言って結構辞めちゃったの。彼は責任を感じていたから、起業する社員たちの会社に、売却で得たお金を全部投資しちゃったのよ。それで結局どの会社も成功できなくて、ほとんど一文無しってわけ。私としては、また事業をやればいいのにっていつも言ってるんだけど、まだそういう気になれないみたいね」

大野はカウンターに立つマスターの顔を見た。水割り用に氷を丸く削っていたマスターがふと顔を上げた。目が合うとマスターは優しく微笑んだ。

「マスターは売却手続きが終わった後に言っていたわ。結局、人を動かすには論より証拠なんだって。例えばさ、有名な話があるじゃない。レンガを積んでいる労働者に何をしているのか聞いたら、ある人は毎日ただレンガを積んでいると答えて、またある人は村のみんなのために教会を作っていると答えるやつ」

「はい、聞いたことあります」

「あれでさ、労働者にやる気を持って働いてもらうために経営者はどうしたら良いかと言うと、いま自分たちは教会を作っていますっていくら口で伝えてもダメなのよ。だってそんな言葉は、毎日レンガを積んでるうちに忘れちゃうじゃない。そうじゃなくてさ、屋根とか十字架とか、一目見て教会だってわかるようなシンボリックな部分をまず作っちゃうのよ。そうすれば言葉がなくても、誰もが教会をつくっているんだって実感できるでしょ」

「そうですね」

「それと同じでさ、会社が進むべき方向性とか、どんなことを社員に求めているとか、ちゃんとモデルとなるファクトを提示してあげるほうが、インターナルブランディング的には断然わかりやすいわけよ。それが無いと、特に人数が増えてきた会社なんかは、すぐに社員が同じ方向を向けなくなるの。言葉というのはとても重要だけど、形がない分とても脆いものだから、それだけじゃ足りない時もあるの。言葉を形あるファクトで体現して、一生懸命メッセージを発信していかないと、簡単に崩れるのよ、組織って」

「教会は屋根からつくれ、ですか……」

「彼は自分の会社を離れてからやっと気付いて、凄く後悔してたんだと思う。だから大野君のこと、放って置けなかったんだと思うんだよね。あの人って、ちょっとカッコつけなところがあるでしょ？　だから偶然を装っていたけど、実はあの日、私を呼びつけたのよ。今日は紹介したい子が来るはずだからって」

「そうだったんですか」

マスターの優しさが胸に響いた。何もわからなかった大野に手取り足取り教えてくれたマスターは、自分が叶えられなかった夢や悔しさを大野に託したのかもしれない。でも、バーのマスターと常連客。この関係性が今は心地よい。大野はこのまま何も知らないふりで通そうと思いながら、ノンアルコールビールを飲み干した。

解説

エセ正義の味方と失笑期

企業の中で変革活動を行っていくと、必ず衝突するのが、この「エセ正義の味方（※出典：経済産業省イノベーション１００委員会／一般社団法人Japan Innovation Network）」です。

詳しい定義は出典を参照いただくとして、簡単に説明すると、エセ正義の味方とは、決して悪気があるわけではなく、個人の動機としては非常に会社のことを想い、善意の行動として、変革活動に対する反動的行動をとるような人たちのことを指します。本章中では、アイデアクラッシャーという名前でも紹介しています。

アイデアコンテスト型の活動では、このエセ正義の味方が活躍できる場所が多くなってしまうのが悩ましいところです。提出されたアイデアに対して自主的に協力してくれたり、メンターを買って出てくれたりする人の中に、簡単に紛れ込んでくるからです。

まずはそういう人種がいるのであるということをきちんと理解をしておくこと、そして実際に現れたときに、うまく協力してもらう方法を考えることが大切になります。

ただ、このエセ正義の味方の対処にはとても時間と労力がかかります。社内でそれなりのポジションにいることも多いので、彼らの影響力から若手とプロジェクトメンバー自身を守ることも意識する必要が出てきます。

また同じく改革の初期に、全社から好意的なリアクションがもらえず、冷めた反応しか返ってこない、「失笑期」とでも呼ぶべき期間があることも、意識して覚悟しておくべきことであると思っています。

これは私たちのクライアントのリーダーAさんと議論していた時に発見したことなのですが、経験上、変革活動に対しての好意的な意見を表明してもらえるタイミングと、否定的な意見が表面化してくるタイミングが、どうもずれるようなのです。

否定的な意見というのは、すぐに出てきます。なんならプロジェクト発足直後から出てきます。そして、この否定的な意見を出す人の中にエセ正義の味方も混ざっています。Aさんは組織風土変革のアクションを取るたびに社内アンケートをとって、フィードバックにすべて目を通していたそうですが、当初はかなり精神的にきつかったそうです。しかし回数を重ねると、どうも否定的な意見の一定数は、いつも同じ人が言っていることに気付いたそうです。そして肯定的な意見が少しずつ増えてきます。そこまでの辛抱です。フィードバックは冷静にとらえて活動の見直しはしつつ、メンタル面を必要以上に削られないように、初めはどこでもそんなもの、今は失笑期というくらいの心持ちで進めていくことを、ぜひお勧めいたします。

KEY LINES

「いくら理論的に正しくても、人間の感情に反する改革なんて、絶対に成功しないんだから」

組織風土変革、企業変革活動を進めるうえで、実は最も重要なのではないかと思っているのがこの点である。

そのメッセージでワクワクするか？　その活動は面白いか？　言い方を変えると、少し遊び心みたいなものをもって進められているか？

正しいことを進めているという意識が行き過ぎて、息苦しい改革はうまくいかない。信念として私たちが持っていることでもある。

【組織変革に対する現場の反応】

沈黙期

・志のある社員はおり、変わらなければいけないと思っているが、潜在的に存在している状態
・停滞感、倦怠感が社内に蔓延している

▼

宣言期

・志のある社員もしくはリーダーが声を挙げ、行動を起こすことを表明
・半信半疑ながら、一定の期待を獲得する時期

▼

失笑期

・具体的な方向性が示され、変革活動がスタート
・温度差が如実に表れ、推進役の気持ちが折れかける
・ここを乗り越えられるかがカギ

▼

伝播期

・温度の高い社員を中心に、少しずつやりたいことが社内に伝わってくる
・反対派（エセ正義の味方）の意見が表面化し始める

▼

発散期

・個々の社員が想いを発し始める
・コミュニケーションが活発になり始め、会社の未来について語ることに対して前向きになり始める

▼

流通期

・企業のビジョンや価値観が共通言語化する
・社内の雰囲気が変わり、熱量の高い、風通しの良い組織に変わり始める

第7章 終わらない挑戦

雲ひとつなく澄み渡った冬晴れの朝、大野は会社へと向かい自転車を走らせていた。頬に当たる風は冷たいが、6時台のまだ誰にも汚されていない新鮮な空気を吸うのは気持ちが良かった。前方のはるか遠くに、うっすらと雪化粧をした山々が見える。白い山頂部を眺めていると、数年前のクリスマスに妻の明日香が作ってくれたケーキを思い出した。結婚して最初のクリスマスということもあり、明日香は「頑張ってみる」と張り切っていたが、ホイップクリームを飾り付ける途中でクリームを一気に絞り出してしまい、そのミスを修正するために上から乗せたクリームがさらに失敗の引き金となり、最終的には真っ白なクリームがうずたかく積まれた、富士山のようなクリスマスケーキが登場した。「縁起がよさそうなケーキでしょ」と気恥ずかしそうに言う明日香の表情が、やけに可愛らしかったのを覚えている。そしてクリスマスという単語は、一年が終わりに近づいていることを否応なく思い起こさせた。

午前7時のオフィスは静寂に包まれており、ブラインドの隙間から差し込む朝の光が空気中に漂う埃をきらきらと照らし出していた。大野は、組織変革室の部屋へとまっすぐ歩を進めた。昨夜のBAR PLANETでの会話は楽しかった。だが同時に、自分にはもっとやれることがあったのではないかという想いがひしひしと込み上げてきた。一次審査はヒロミに救われた。だが、二次審査は自分たちで成功させなければならない。そのために、これからやるべきことは何だろう。昨夜は思うように寝付けず、やっと眠りについてからも、夢の中にヒロミや津久井や前田部長が現れては啓示とも取れるような支離滅裂な言葉を残して消えていき、混沌の世界から引っ張り出されるようにして目覚めた時は、いつものアラームが鳴る1時間半前だった。

組織変革室のドアを開けると、当然ながら相武と磯部の姿はなかった。数か月前に自分で設定した「henkaku78」というパスワードを入力してパソコンを立ち上げ、大野は考え始めた。

その日の昼過ぎ、大野は北電機の工場内にある事務所にいた。

「伏見部長、昨日はありがとうございました」

製造部のオフィスの隅に設けられた応接スペースで、大野は製造部長の伏見と対面していた。

「いやいや、僕は何もしてないよ。一回目は皆さん固かったけど、昨日はだいぶ良い雰囲気だったたね。あの外部審査員の人が美人だったたからかな」

伏見はハンカチで額の汗を拭いながら笑った。

「皆さんのご協力のおかげで、無事に一次審査が終わりました。二週間後には二次審査があるのですが」

「あぁ、次は応募した人が自分でプレゼンするんでしょう？ 役員の前で、大変だよね」

「そうなんです。それで、先ほど営業部の平岡副部長にプレゼン講習会の講師をお願いして参りまして、二次審査に向けて全体の底上げをできればと思っています。つきましては、伏見部長にもご協力頂けないかと思っているのですが」

「何かできることあるかなあ。役員たちの笑いのツボくらいなら伝えられるかもね」

大野は伏見につられて笑った。審査会の場を温めるという点では、案外そういうところも大事なのかもしれない。

「一次審査でご推薦頂いた案の中には、製造部の社員によるものもありましたよね」

「そうだね、審査に私情を挟んだつもりは無いんだけど、普段から仕事を頑張ってるのを見てるから、どうしても応援したくてね。もう一度言うけど、私情は挟んでないから安心してね」

「いえ、そういう気持ちがあっても良いと思います。審査を経て実行するとなったら、やはり製造部にサポート頂く部分もあると思いますし」

「そりゃあサポートするよ。せっかくのチャンスだからね」

「チャンスというのは、どういう……」

「ほら、この会社って硬直的で閉鎖的で、新しい取り組みなんてなかなか生まれないでしょう。だからこのコンテストは、固まりきった北電機に一石を投じて、社員たちに夢を見せてあげて、意識を変えるチャンスだと思うんだよね。そのためにはさ、ここからはオフレコにして欲しいんだけど、製造部の企画を通すのが最善だと思ったんだよ。ほら、製造部って割と地味だからさ、そこから新製品なり新規事業が出れば、他の部署も焦るでしょう。それに何より、自分で言うのもあれだけど、僕がトップであるというのが大きいと思うんだよね。新しいことやりたいっていつも思ってるから、いくらでもサポートできる。実行するとなったら、応募者の業務量を調整したり、他に役立ちそうな人をアサインしたりね。でも例えば開発部なんかの案を採用しても、カチカチ人間の前田さんに潰されちゃうのは目に見えてるでしょう。あ、これ本当にここだけの話にしてね」

大野は、自分の中の伏見部長のイメージが変化していくのを感じた。それを確信に変えるために、最後の質問を投げかけた。

「あの、伏見部長のそういったマインドは、どこから生まれているのでしょうか？」

「そうね、この会社の管理職はみんな現状維持指向の保守派だから、僕は少し変わっているかもしれない」

「いえ、そういう意味では」

「僕はね、今は亡き中国工場にいたんだよ」

北電機の中国工場は、先代の北里清が社長だった頃に、生産ラインの大幅拡大を見込んで設立された。しかし、リーマンショックに端を発する世界的な不況の影響を受けて、維持することが困難になり、最終的には台湾の大手電機メーカーに売却したのだった。清会長に代わって売却をまとめたのが現社長であり、その後の北電機は守りの路線に舵を切ることになる。中国工場は北電機にとって、いわば最後の挑戦とも言える存在だった。

「僕は中国における製造の責任者として、立ち上げから売却まで全て関わったんだ。立ち上げの時はみんな目をキラキラさせて働いていたよ。こんなでかい工場が稼働したら凄いぞ、絶対に成功させるんだって。でもタイミングが悪かった。清会長の判断は責められないけど、僕は北電機という会社を恨んだね。だから、僕のマインドが何から生まれているかと言えば、一つは当時の怒りからだ」

「そんなことがあったのですね」

「うん、でも月日が流れて、会社を恨んでも意味が無いって気付いたよ。売却が終わった後、溜まっていたストレスが爆発したのか、体を壊してしばらく入院したんだ。その時に、このまま死んだら後悔するだろうなって思ったんだよね。だって僕は中国工場という大きな夢に何年も人生を捧げてきて、その夢が破れて死んじゃうなんて、可哀想だと思わない？　いや、幸いそんな重い病気じゃなかったんだけどさ。病室のベッドで暇を持て余していると、どうしても暗いことを考えちゃうよね」

伏見はハンカチで額を拭うと、大きく息を吐き出し、話を続けた。

「人がいつ死ぬかわからないのと一緒でさ、会社もいつ無くなるかわからないんだよ。現状維持なんて、ただの願望でしかないんだ。だって中国工場が呆気なく消え去ったのに、日本の工場がいつまでも続くなんて道理は無いわけでしょう？　北電機の技術力を欲しがる外資メーカーはたくさんあるだろうし、もしかしたら今回の組織変革が、本当に北電機を変えるラストチャンスかもしれないと思っている。中国から帰ってから、僕はトントンと出世して、ようやく部長にまでなれた。会社も罪滅ぼしのつもりで昇進させてくれたのかもしれない。でも役職定年があるから、僕が部長でいられる期間も有限だ。その間に何かを成し遂げたい。買収されて北電機が無くなってから悔やんでも遅いんだよ。今できることをやらなくちゃ」

「ありがとうございます。伏見部長のお考えが聞けて良かったです。私たち組織変革室も微力ながらサポートできればと思っています。まずは二次審査に向けて、伏見部長が推薦された3案を、応募者の方と話し合ってブラッシュアップして頂けないでしょうか」

「あ、僕も口を出していいの？　ぜひやるよ。どうしても若い人は経験が浅い分、見えていないポイントが多いからさ、そこは補えると思う。さっそく招集かけるかな」

「本当にありがとうございます。二次審査も乗り切って、絶対に実現しましょう。よろしくお願い致します」

　大野は伏見と握手を交わして席を立った。もっと早く伏見と話しておけばよかったと思った。伏見は自燃性社員だ、しかも影響力の強い自燃性管理職だ。もっと早く伏見の思いを聞いておけば、伏見を中心として何か取り組みができたかもしれない。大野は長く人事部にいながら、北電機にどんな人間がいるのか、ほとんど知らなかったことを痛感した。全ての社員が会社に不満を持ち、変革を諦め、現状維持を望んでいるかのように思っていた。たしかにそういった社員は多数派だし、声も大きい。だが伏見や磯部や津久井のように、会社を変えたいと望んでいる社員もいる。彼らの心の火を束ねれば、それは大きな炎となり、北電機の未来を明るく照らすだろう。その炎から生まれたシンボリックファクトは、強い求心力を発し、北電機の未来を指し示す羅針盤となるだろう。その火の中心となるのは組織変革室でありたい。大野ははやる気持ちを抑えながら、経営企画部長の稲積のもとへと向かった。二次審査に向けて、協力を要請するためだ。大野は、自分が聖火ランナーのような格好で社内のあちこちを走り回り、変革の火をもらったり与えたりしている姿を想像した。

二度目の審査会が終わってから2週間後、二次審査の場が設けられた。当初は、二次審査の審査員は北電機の役員が務め、社長による最終審査へと進む案を決めるという段取りになっていた。だが、一次審査の話を聞いた北里社長が、自分も喧々諤々の議論に参加したいと言い出し、急遽二次審査に参加することになった。つまり、この二次審査をもって実施案が決まるということだ。

二次審査を盛り上げるため、また、一部の社員や上層部だけでコンテストが進んでいるような印象を与えないため、そして審査員に対する牽制の意味も込めて、大野たちは審査会の様子を全社に中継することにした。審査会はちょうど昼休憩の時間帯に行われるので、興味のある社員は誰でも審査会の流れを見ることができる。もちろん津久井が所属する北ソリューションズにも、審査会の様子がリアルタイムで届けられる。北ソリューションズの社員たちは、普段目立たない同僚である津久井が、社長と役員たちの前で堂々とプレゼンテーションする姿を見ることになるだろう。

審査会当日、北電機の中でも一番大きいモニターがある大会議室には、50名以上の社員が昼食を持って集まった。その様子を見て磯部は興奮している。

「やっぱりみんな興味があるんですね。アイデアコンテストなんて初めての試みですもんね。何が採用になるのか気になるんだな」

「そうだね。それに他にも応募してくれた人がいるからね。そして磯部君が報告してくれたように、企画の提出を上司に阻まれて、悔しい思いをした人もいるはずだ」

「そうですね、そういう人たちの思いを背負って津久井さんたちがこの場に立つって、ちょっと僕感動してますよ。北電機で働いていて、こんなに感動したことなんかなかったです」

磯部は興奮が抑えられないようだった。普段は冷静沈着な相武も落ち着きがない。

「大野さん、スライドを出すタイミングとか、ちゃんと段取り大丈夫でしょうか」

「相武さん落ち着いてよ。大丈夫だよ、あれだけ練習したんだから」

磯部や相武を落ち着かせようと声を掛ける大野の声も震えていた。審査をする社長と役員たちは、審査会の場で初めて案の内容を知ることになっている。一次審査を通過した7案はどれもブラッシュアップされており、レベルの高いものに仕上がっていると大野は思っていた。それだけに、蓋を開けてみて審査員たちがどういう評価を下すのか、期待と不安が入り混じったような緊張感があった。審査会が大盛り上がりに終わって全ての案が採用されるシナリオも想像したし、全ての案が酷評されて不採用になるシナリオも想像した。だが、自分たち組織変革室にできることは全てやったはずだ。あとは祈るしかない。

時計の針が正午を指し、昼休みの始まりを告げるチャイムが北電機の社内に鳴り響いた。チャイムが鳴り止んだタイミングで、大野がパソコンを操作すると、大きなスクリーンに文字が映し出された。

78NEXT　～七転び八起きマインド～
北電機アイデアコンテスト

「皆さん、お集まり頂きありがとうございます。北電機アイデアコンテスト、78NEXTの二次審査会を始めます。最初に、北里社長からご挨拶を頂きます」

大野は北里の元へ向かい、マイクを手渡す。北里は会場を一通り見渡してから話し始めた。

「私が組織変革を本格的にやろうと思い立ったのは、昨年の暮れでした。いや、その前から構想はあったのですが、ずっとタイミングを伺っており、実行に移れていませんでした。ですが、近年の急激な国際化、慌ただしい技術変革を目の当たりにし、北電機はこのままではいけない、変わらなくてはいけないと強く思うようになりました。現在の北電機を見ますと、業績も安定しており、そんなトライをする必要は無いのではないかという声もありました。

ですが、市場はものすごいスピードで変わっていきます。まさに一寸先は闇です。闇に包まれてからでは遅い。まだある程度の余力が残っている今こそ、変革に最適なタイミングなのではないか。そう思いまして、年明け早々に組織変革室を立ち上げました。最初はまだ小さな動きでしたが、皆さんの記憶にも新しい敗者復活制採用の成功がありまして、北電機の中に少しずつ、新しいチャレンジを歓迎する空気が出来てきたように思います。

そして今回のアイデアコンテストです。たくさんの社員が応募してくれたと聞いています。日常業務が忙しい中、本当にありがとう。今日はその集大成です。私もしっかり審査したいと思います。それでは、始めましょう。新しい北電機の第一歩を、選びましょう」

審査会場が、中継先の会議室が、子会社が、大きな拍手に包まれた。相武は、この日のために開会宣言の原稿を何度も書き直してきて良かったと思った。ヒロミやマスターにもアドバイスをもらいながら、審査会の温度を上げるような、社員全員を鼓舞するような、熱いスピーチを書いたつもりだった。北里社長も力強く話し切ってくれた。舞台は整った。後は応募者たちを信じるだけだ。

最初にプレゼンを行うのは、製造部で伏見の下で働いている中島という社員だった。提案するのは会議を円滑に進めるためのデバイスだ。プレゼンは社内の会議が長すぎるという課題提起から始まった。長すぎる会議によって、一人当たり年間で何時間の時間が失われているか、それを人件費に換算するといくらか、予想外のショッキングな数字が並べられた。この演出は伏見の指導によるものだろうか。その解決策として、一次審査の企画書段階では、会議のアジェンダを入力しておくと、指定された時間にアラームが鳴るというスマートフォン用アプリが想定されていた。だが二次審査では液晶画面のついた砂時計型のデバイスに変わっていた。

「このデバイスのポイントはですね、アラームの声を録音できるというところです。例えばですね」

製造部の社員はポケットからICレコーダーを取り出し、再生すると「そろそろ結論まとめましょう」という声が流れた。

「実はこれ、私の上司である伏見部長の声なんです」

会場が笑いに包まれた。上司や管理職の声を録音しておくことで、会議の緊張感が高まるというアイデアだった。

「このデバイスはパソコンとつないで簡単にプログラミングできますので、例えば新製品開発の際の検討ポイントなんかを入れておくと、会議中にリマインドしてくれます。このデバイスが実現した暁にはぜひ社長からも、一言お願いしたいです」

再び会場が笑いに包まれた。プレゼンが終わると質疑応答があった。北里社長から「自分より会長の声の方が重みがあるのではないか」というコメントがあり、プレゼンテーターの中島が「そうします」と答え、笑い声の混ざった拍手が起きて一人目のプレゼンが終わった。

その後、五人の社員がプレゼンを行い、大トリとして津久井が静かにスクリーン前に登場した。

企画を考えた背景の説明から始めた津久井は、大野たちの不安とは裏腹にとても冷静だった。言葉ひとつひとつを丁寧に、噛み締めるように発していた。姪っ子の送り迎えを手伝っていること。そこで感じた自転車による事故の多さ。北電機周辺には小さな子どもの多い世帯が集まっていること。こうしたデバイスが生まれることで、地域貢献にもつながることを、力強く語った。

会議室には津久井の声だけが響き渡っていた。誰もが津久井の一挙手一投足に集中している。そこから津久井は、自転車用ナビゲーションデバイスの詳細と、具体的な開発計画について説明した。審査会でヒロミがプレゼンしたのと同じ流れだ。後から聞いた話だが、津久井は大野たちの知らないところで個人的にヒロミに連絡を取り、プレゼンについて指導を受けていたらしい。

そして、津久井は北電機に入社したときのことへと話題を移していった。大学時代のゼミの教授から、北電機のような会社が日本のものづくりを支えてきたのだと聞いて、感銘を受けたこと。尊敬できる先輩たちと一緒にものづくりをやりたいと思い、入社を決めたこと。これまで陽の目を見るようなことはなかったけれど、決して諦めず、開発への情熱を燃やしてきたこと。

「この企画を相談した人からは、失敗するのではないかという意見もありました。しかし、自分は失敗するとは思っていません。なぜなら、北電機には優秀な先輩たちがいらっしゃるからです。企業の財産は人だと言われますが、北電機の財産はまさに人だと、自分も思っています。先輩方、一緒にものづくりやりましょう。自分のプレゼンは以上です」

津久井が話し終わると、会場は一瞬だけ静寂に包まれた。最初に拍手をしたのは北里社長だった。北里につられるようにして、会場全体から拍手が巻き起こり、津久井は大きく一礼した。

その様子を会場の隅から見ていた大野は、「よくやった」と心の中で呟いた。ふと隣を見ると、相武が目元にハンカチを当てていた。大野は自分もハンカチを持って来ればよかったと思った。

会議室の片付けをしながら、大野は相武と磯部に話しかけた。

「なんていうか、今日の一体感みたいなものはすごかったね」

「社員の多くが同じ方向を見るって、ああいう感じなんですね。僕は初めて感じました」

「私も、ちょっと涙ぐんじゃったくらいですからね」

「相武さんもですか？　実は僕もです」

「昔の北電機は、ああいう熱気にあふれていたんでしょうね」

「ほんと、そうかもしれないね」

その時、会議室の扉がカタンと開いた。入ってきたのは大野の同期である橋本亮だった。橋本と話すのは組織変革室を立ち上げた直後の社員ヒアリング以来だった。

「あ、橋本か。お疲れさま」

「大野、今日のプレゼンすごかったな」

「ありがとう、橋本も見てくれたの？」

「もちろん見たよ。大野が組織変革室を立ち上げたときに飲みに行ったじゃん。その時に、今さら無理だって言ったことを思い出したよ。我ながらダサいよな」

「気にしないでよ、だってその時は社員の99％が橋本と同意見だったと思うもの」

「今日のみんなのプレゼンは本当に良かったと思う。開発部でもさ、ちょっと話題になってるよ。津久井君だっけ？　子会社の社員があんなに堂々とプレゼンしてるのに、自分たちは何やっているんだって、そう思った社員もいたみたいだな」

「少しでも刺激になったのなら、やった甲斐があるよ」

「俺も来年は何か応募しようかな。実はさ、大野にああ言っちゃった手前、何となく応募しづらくてさ。若手ばっかり応募してる中にポツンと俺みたいな中堅がいるのも恥ずかしいなって。でも今日のプレゼン見てたら俺より年上の人もいたからさ、考えすぎて損した気分だよ」

「橋本、挑戦するのに年齢も役職も関係ないよ」

「そうだよな。しばらくはフレッシュな気持ちで仕事できそうだよ。ありがとうな、大野」

橋本は「じゃあ」と言って会議室を出ていこうとした。

「橋本、良かったら津久井君のサポートをしてあげてよ。試作品を作るにはさ、開発部の知見があった方がいいし、そのためには北電機と北ソリューションズのパイプ役になる人が必要なんだ」

「おう、任しとけ」

橋本は振り返らずに右手を上げると、そのまま出ていった。きっと橋本なら手伝ってくれるはずだ。大野は橋本の背中を見送りながらそう思った。


それからの組織変革室は多忙を極めた。二次審査の結果、実施案を一つに絞り込むのは難しいという結論に至り、津久井の案と製造部の中島による会議用デバイスの二案について試作品を制作し、年明けに追加審査を行うことになったからだ。

まず、津久井と中島を中心としたプロジェクトチームをそれぞれ立ち上げ、メンバーの通常業務の調整をそれぞれの部署に依頼し、プロジェクトチームが活動できる体制を整えていった。また、津久井と一緒に津久井の出身大学を訪れ、開発面で連携を取れないかと相談したり、地元の幼稚園にヒアリングに行ったり、最終的な製品の完成図を描けるようになるまで、やることが山積みだった。

相武は、アイデアコンテストの成果や、大学との共同開発を行うといった情報について、次々とリリースを打っていった。まだ試作品段階ではあるが、北電機が変わろうとしているという姿勢をアピールするには充分だった。本来であれば製品開発の途中で情報を漏らすようなことはしないが、目的が組織変革ということもあり、北里社長から許可をもらっていた。すると、興味を持ったメディアから、少しずつだが問い合わせが入ってきた。

一番大きかったのは、自転車用ナビゲーションデバイスの社会貢献性が認められて、自治体が連携に応じてくれたことだ。製品化された暁には、地元企業の開発商品として、タイアップの可能性を模索してくれると言ってくれた。北電機が社外から注目されるたびに、社内の活気も徐々に増していくようだった。一次審査ではアイデアクラッシャーとして組織変革室と対峙した前田部長や平岡副部長たちも、ここまで話が大きくなってくると、表立って反対したり、高圧的な態度を取ったりといった様子は見られなかった。積極的に協力してくれるわけではなかったが、プロジェクトメンバーの業務量を調整してほしい等の頼みに関して断られることはなかった。

試作品の開発にはもう少し時間がかかるだろうが、津久井を中心としたプロジェクトチームは熱心に作業を進めていた。中島のプロジェクトチームも、伏見部長による手厚いサポートを受けて、順調に開発が進んでいるようだ。相武の社内広報の成果もあって、もはや名前を知らない社員はいないと言っても過言ではないほど、津久井と中島は有名人になっていた。大野たち組織変革室が企画し、実行してきたアイデアコンテストではあったが、津久井たちがアイデアコンテストを象徴する存在になり、知らない社員から声を掛けられることが増えたと報告してくれた。あれだけ地味で目立たなかった津久井のファンクラブができているという、嘘か本当かわからない話まで飛び込んできた。

組織変革室の三人は忙しく働いていたが、それぞれにやりがいと充実を感じていた。しかし、大野には一つだけ懸念があった。それは組織変革室の存続に関してだった。北里社長からは、とりあえず1年間と言われていた。アイデアコンテストの追加審査があるため、年明けもしばらくは活動する必要があるが、その後の体制については知らされていない。解散になるかもしれないし、どこかの部署に吸収されるかもしれない。役員や管理職から新しい室長が来るかもしれない。この1年間、大野は人事部、相武は広報部、磯部は品質管理部に籍を置きながら活動してきたが、それがどうなるかもわからない。

「僕たち、解散させられちゃうんですかね」

「私、まだまだやりたいことがありますよ」

「どうなんだろうね、それはばっかりは社長が決めることだから」

大野の話を聞いた磯部と相武が心配そうな顔をしている。

「特に僕なんかは、自分で手を挙げて途中から入れてもらったので、コンテストが終わったら外れなきゃいけないんじゃないかって、思う時があるんです」

「大丈夫だよ、磯部君は立派な戦力だし、北里社長もわかってくれるよ」

年の暮れに差し掛かったある日、北里社長から組織変革室の三人へメールが届いた。今年最後の出社日である12月27日に、社長室に来るようにという内容だった。

その日の帰り道、大野は駅前の商店街を自転車で走っていた。駐輪場に自転車を停めると、黒いサドルの上にひとひらの雪が落ちてきた。そういえば、初めてＢＡＲ ＰＬＡＮＥＴを訪れた時も、こんな寒い日だったなと思い出した。

商店街は、忘年会のサラリーマンの団体で賑わっている。首から大きなボードを下げたカラオケの呼び込みが、頬の赤いサラリーマンの団体に声をかけ、二言三言会話してからカラオケ店へと雪崩れ込んでいった。カラオケ店の横にはコンビニがあり、上の階に学習塾がある。窓ガラスには「受験へラストスパート」と書かれたポスターが貼られ、その奥で講師らしき若い男性が黒板に何かを書いている。コンビニの前では、塾帰りと思しき女子中学生二人が肉まんを熱そうに頬張っている。最近オープンしたであろう焼肉屋の前にはいくつかの花環が飾られ、風に吹かれて花弁がひらひらと揺れている。年末の商店街はどこか暖かい雰囲気に包まれていて、大野は少しの間だけ寒さを忘れた。

重厚感のあるドアを開くと、いつものようにマスターがグラスを磨いていた。もしかしたらヒロミに会えるかもしれないと期待していたが、例によって客は一人もいなかった。

「いらっしゃいませ」

「こんばんは。本当はもっと早く来たかったんですが、二次審査が終わってから忙しくて」

「二次審査、無事に終わったようですね。先日相武さんがお一人でお見えになって、話してくれました」

相武が一人でBAR PLANETに来たことを知って、大野は少し驚いた。自分だけの秘密を明かされてしまったような、不思議な感じがした。

「今日は冷えるので、温かいものでもいかがですか？」

「お願いします」

マスターは電気ケトルのスイッチを入れると、カウンターの奥からコーヒー豆を取り出し、ミルで挽き始めた。店内に喫茶店のような香ばしい香りが漂った。

「一人の時に、よく作って飲むんです」

「マスターは喫茶店のマスターも似合いそうですね」

「ありがとうございます。でも、喫茶店ではこんなにお話できません」

マスターは砕いたコーヒーの粉をドリッパーに入れ、熱いお湯を注いだ。真っ黒に輝く液体がカップに滴り落ちていく。マスターは後ろの棚から2本の酒瓶を選び、カウンターの上に乗せた。1本ずつ手際よく計量してカップに注ぎ、小さな泡立て器で勢いよく掻き混ぜると、コーヒーの表面に白っぽい泡が立った。

「ブランデーと、クリームのリキュールを入れてあります」

大野は差し出されたカップを少し息で冷ましてから、一口飲んだ。まろやかな口当たりの中に優しい甘みがあった。ブランデーのせいか、体が芯から温まるような感覚だった。

「マスターの作ってくれるものはいつも美味しいです」

「ありがとうございます。そう言って頂けることが至上の喜びです」

大野はマスターお手製のコーヒーカクテルをもう一口飲んだ。カップをソーサーに置く時のカタンという音が、静かな店内に鳴り響いた。

「今度、社長と話すことになっているんです」

「社長賞でももらえるのでしょうかね」

「そういう話だと良いんですが、実は組織変革室の期限は1年ということになっているんです」

「そうでしたか。この1年で大野さんたちは素晴らしい成果を挙げられました。もし私が社長であれば、来年以降も組織変革室を存続させると思います」

「ありがとうございます。でも、成果を挙げたばかりに、社内での存在感が高まってしまったような気がしていまして。もしかしたら、役員とか管理職クラスが僕の代わりに室長になるんじゃないかって思っているんです」

「そうでしたか」

「二次審査が終わってから、ずっと悩んでいたんです。でも、最近はそれでもいいかなって思うようになりました」

マスターはいつものように優しい微笑みを浮かべながら、大野の話を聞いている。

「自分が室長であろうがなかろうが、できることはたくさんあると気付いたんです。アイデアコンテストは来年も継続して開催したいし、コンテストの無い期間でも社員のアイデアを吸い上げる制度を整えたい。それって、新しい室長が来ても僕が主体的に動けば実現できると思うんです。さらに言うと、たとえ人事部に戻ることになっても、会社のためにやれることはあります。社内アンケートを取ったり、新しい挑戦を促すよう評価制度を見直したり、自分がやりたいことと言うか、組織変革のためにやった方が良いと思うことが、たくさん見えてきました」

「どうやら、大野さんは組織変革の本質に気付かれたようですね」

「組織変革の本質ですか？」

「はい。それは、動き続けることです。あらゆる組織は、自らに最適化した状態で均衡を保とうとします。ですが、外部環境は無慈悲に変わり続けるので、組織の適応が間に合わず、さまざまな問題が表出します。これが基本的なメカニズムです」

「うちの会社もそうだと思います。会社を危機から立て直すために、社長は与えられた仕事を効率的に捌けるような組織を構築しました。それはそれで居心地の良い人もいたようで、組織は安定していました。でも、その代償として、新しいものを生み出す能力を失ってしまったように感じます」

「それでも、新しいものを生み出す能力というのは、創業時から脈々と受け継がれてきたDNAの中に存在していた。大野さんはそれをさまざまな手段で掘り起こしたわけです」

「マスターやヒロミさんの力を借りて、何とか」

「ですが、まだ定着したわけではありません。今後の活動を怠れば、組織はすぐに元の均衡状態に戻ってしまうでしょう」

大野はマスターの瞳をじっと見つめ、力強く頷いた。

「だから、まだ僕にはやることがある」

「そうです、動き続けるのです。動くことで、安定した組織に圧力をかけていくのです。半年ほど前までは、会社の中で動いていたのは大野さんたちだけでした、ですが、今はコンテストを通過した社員や、それを応援する社員、刺激を受けた社員、たくさんの人が動き、変革に向けた大きな流れが生まれています。この流れを絶やしてはいけません。大野さんが先頭に立って動き続ければ、3年後、5年後には、会社は全く違う姿に生まれ変わっているでしょう」

「それがイノベーション・エコシステムを作るってことですね」

「その通りです」

「そのためには、もっと協力してくれる人を増やしたいです。何より社長には強く後押しを

12月27日の午前11時、組織変革室の三人は社長室を訪ねた。北里社長と対面するのは二次審査会以来だった。

「アイデアコンテストの件は順調に進んでいるようだね」

「はい。津久井君がとても粘り強い方で、若いですがプロジェクトチームの中心として頑張ってくれています。もう一案は製造部が全面的にサポートしてくれているみたいです」

「そうか、それは良かった。今日君たちを呼んだのは、私のところにも変化があったので、それを報告しようと思ったからだ」

「社長の変化ですか」

「実は、アイデアコンテストが終わった後、何人かの社員が社長室を訪ねてきた」

「急にですか？」

「そう、急にだ。アイデアコンテストに応募して採用されなかった企画書を持ち込んで、どうすれば良かったのかを聞いてきた者もいたし、働き方改革に関する提案書を持ってきた者もいた」

「社長に直談判とはすごいですね」

「本当だよ、私が社長に就任して10年になるが、現場社員が直接私を訪ねて来るなんてほとんど無かったから、私も驚いた」

「北里社長なら話を聞いてくれると思った社員がいたということですよね。素晴らしいことだと思います」

「そうだな、相武君のように若い女性社員もいた。彼女はもうすぐ産休に入るらしいのだが、復職後の働き方について相談してきたんだ。これは私一人では決められないことだから、人事部に協力を頼んでおいた。私が思っていた以上に、社員たちは話したいことがあったのだと気付かされたよ」

北里社長は嬉しそうだった。いつもより声が弾んでいる。大野の記憶の中にあった北里社長は、いかにも経営者といった厳しい顔つきで、気軽に話しかけられるような雰囲気ではなかったはずだ。

「北里社長、私にとって育休産休はずっと先の話かもしれませんが、女性のキャリアパスにはとても興味があります。個人的にもセミナーに参加したりしているのですが、社内でも勉強会を開催したり、産休中の女性社員のコミュニティを形成できたりしたらいいと思っています」

「相武君、それはいい案だ。君が動いてくれることで実現可能かな?」

「ありがとうございます。もちろんです」

「まぁ、前置きが長くなったが、こういった変化も出てきているし、組織変革室は今後も存続させていきたいと考えている。将来的には独立した部署にして、各部署とのコミュニケーションを円滑に進められる要のような部署にしたいと思っている。どうだろうか?」

「北里社長、今日は僕からも組織変革室の存続をお願いするつもりで来ました。津久井君たちのプロジェクトも製品化が決まればこれからもっと忙しくなるだろうし、私たちもやりたいことがたくさんあります」

「僕もやりたいです。これからも組織変革室でやらせてください」

「磯部君は品質管理部の所属だったよな。工場への出張も多いし、仕事量を調整しないと大変なんじゃないか。上司と相談すべきだろう」

「いや、入社以来エネルギーを持て余していたんで、多少忙しくなっても大丈夫です」

「それは頼もしいことだ。品質管理部には私からも話しておくよ」

北里社長は口元をほころばせながら言った。

「北里社長、私、他にも北電機のＳＮＳを始めてみたいんですけど、今度企画書をお持ちしてもよろしいですか？　アイデアコンテストが終わった後も組織変革のムードを停滞させないよう、頻繁に情報発信していきたいんです」

「あ、僕からも。さっきおっしゃられたみたいに、北里社長に相談したい社員は他にもたくさんいると思います。北里社長と社員のタウンミーティングのようなものを、組織変革室で開催するのはどうでしょうか？」

「相武君と磯部君のやる気は充分伝わったよ。今日話に出たことを整理してくれないか。今度正式に打合せしよう」

「はい、ありがとうございます」

相武と磯部の声が揃った。

「北里社長、それでは私からも、組織変革室としてご相談があるのですが、よろしいでしょうか」

「何だろう」

「こうした活動は継続が大事だと思っています。アイデアコンテストも毎年開催して、北電機の恒例行事のようにしていければと思っています。また、コンテストのような大きなイベントだけではなく、日常業務の中でも意見を吸い上げるための制度を整えていきたいです。他にも……」

大野は社内アンケートの実施や、社員からの要望を吸い上げるためのイントラネットの構築など、いくつか改善ポイントを挙げた。それに対して北里社長は、他社の事例なども踏まえて意見を述べてきた。組織を活性化していくために何が必要なのか、北里社長が深いところまで情報収集していることが伝わってくる、濃密なディスカッションだった。

「頂いたご意見を踏まえて、今後の組織変革室の活動方針をまとめていきたいと思います」

「うむ、よろしく頼むよ」

「北里社長。最後に、私から社長に2つのお願いがあります」

大野は姿勢を正して話し始めた。

「津久井君たちのプロジェクトは、幸いなことに順調に進んでいます。ですが、これから新しいチャレンジを続けていくことで、いつか失敗することも出てくると思います。でも北里社長には、その挑戦者を率先して称賛してほしいんです」

「挑戦する気持ちを高く評価するということだな」

「そうです。挑戦者は自分から名乗りを挙げていますが、失敗するかもしれないというリスクも抱えており、不安もつきまといます。社内での評価が下がるかもしれない、居場所がなくなるかもしれない、そうしたリスクを背負ってでも、挑戦したいと思ってくれる。それこそが北電機のアイデンティティだと僕は思います」

「大野君の言う通りだと思う」

「会社のトップが、失敗しても挑戦する社員を称賛することで、北電機は失敗を恐れない会社であるという認識が社内に生まれます。すると、より多くの社員が挑戦しやすくなります」

「うむ、わかった」

「それからもうひとつのお願いですが、アイデアコンテストによらず、社員から集まった意見や要望は、会社の方針と合致することであれば、どんどん実現化していきたいです。人間は現状維持を望みがちな生き物なので、新しい取り組みに対して快く思わない社員もいるでしょう。ですが、北電機をより良い組織にするために、新しい挑戦は良いことであると、行動をもって示していきたいです。チャレンジを望む社員が報われる会社であると誰もが信じられるような、ファクトを積み上げていきたいです。そうした小さな成果の積み重ねが、北電機らしいイノベーション・エコシステムを作り上げていくと思います」

大野は自分たちの思いを北里社長にぶつけた。これまで自分の上司にすら、こんなに自分の思っていることを素直に言ったことはなかった。目の前にいるのは代表取締役社長だ。何かあれば組織変革室を解散させることもできる権限を持った人だ。立場も経験も勤続年数も背負っているものも全然違う。でも同じことがある。それは北電機という会社を大切に思っていること。北電機をより良い会社にして、社会に貢献していきたいと思っていることだ。その思いがあれば、同じ議論の場に立てるのだと大野は感じた。

「わかった。アイデアコンテストが一区切りついたら、まずは社内のアイデアを日常的に吸い上げる仕組みを検討することから始めよう。できることから着手していこう」

「ありがとうございます」

「お礼を言うべきなのはこちらだ。私は父から引き継いだ北電機を存続させることに必死だった。社員とその家族の生活を守らなければいけないと、それればかり考えていた。経営が傾いてから、北電機に向けられる周囲の目が変わったことは痛いほど実感していたが、この窮地を脱することしか頭にない10年だったように思う」

「そうでしたか」

「しかし一方で、父や祖父の姿を見て育った自分にも、このまま北電機を終わらせていいのかという葛藤が長くあった。世間をあっと驚かせるような製品や事業を開発して、再び北電機ここにありと存在感を示せないかと考えていた。でも、会社のあり方としての本質はそこになかったように思う。結局、製品や事業というのは太い幹から伸びた枝葉でしかない。大事なのは幹のほう。つまり組織であり社員だ。大野君の言うイノベーション・エコシステムを育むとこそ、目指すべき姿だと思ったよ」

この1年間の活動で、組織がどれくらい変わったのかはわからない。それを測定するためにも、早急に社内アンケートに取り組む必要がある。ただ、確実に言えるのは、大野自身は変わったということだ。北電機に入社してから、異動や結婚などによる外発的な変化はあったものの、今回のような内発的な考え方の変化は初めてだった。大野だけではない、相武と磯部も大きく変わった。北里社長も一年前と違い、組織変革に確かな手応えを感じている。アイデアコンテストに応募したことで、津久井も変わった。同期の橋本も、少しではあるが変わっただろう。

組織変革と言っても、変わるのは一人一人の社員だ。北電機の組織変革は、着実に進んでいる。

「今日はこの後、仕事納めの忘年会がある。組織変革室の皆は年明け早々からやることが山積みだろうが、今日ばかりは自分たちを労ってほしい。この一年間、よく頑張ってくれた。ありがとう」

北里社長は三人に順に握手をした。経営者らしい、堂々とした力強い握手だった。

解説

トップのコミットメント

「組織変革は、トップがコミットしていなくても、うまくいくのでしょうか？」

インターナルブランディングや組織変革に関連するセミナーをすると、いちばん訊かれる質問は、これかもしれません。

今回のお話では、北電機はトップの発案で改革活動をスタートさせています。しかし、社長として具体的に何をやるべきなのかということまでは明確になっていないという設定でストーリーを展開してきました。なので、強いリーダーシップを発揮してはいない形で語られています。

質問の話に戻ると、私は「トップの強いコミットは、組織変革の必須条件である」が、「プロジェクト発足時に、最も高いコミットレベルになくてもいい」と思っています。

私達は、トップではなく、社員数人の課題意識からインターナルブランディングの取り組みがスタートし、そこで現れた自燃性社員の方々の情熱が、トップマネジメントに火をつけていくということを何度も見てきました。

アイデアコンテストで入社2年目の社員がこの会社でやりたいことを切々と語る場面に出会

ったり、ワークショップの熱い議論をオブザーブしていったりする中で、この方向をもっと加速させるべきだと確信を持っていくトップの姿を目の当たりにしてきています。

逆に、トップマネジメントからのご依頼で、「我々は後10年も会社にいない。だから若手を中心に、会社の文化を変えてほしいんだよ」というオーダーを頂くことも多くあります。しかし、ボトムアップスタートでの企業風土変革が、特に日本企業にとっては性に合ったやり方なのだろうと思っています。

もう一つ、日本企業（に限りませんが）ではトップを必要以上に「神格化」しているケースが見受けられます。私は経営陣の「人格化」が重要であるという言い方をよくしていますが、神格化されて忖度されたトップのメッセージは、思った以上に従業員には届きません。上滑りしてしまっていることが多くあります。

単純なトップコミットがあるないということを超えて、トップの持っている想いと、従業員の持っている想いをコミュニケーションさせることが大事なのだろうと考えています。インターナルブランディングの取り組みの中でそういう設計ができると、より効果が高まるというのは間違いがないと思います。

KEY LINES

「こうした活動は継続が大事だと思っています」

最後に、企業変革は組織風土の改革に限らず、時間がかかる。少なくても3年、感覚的には7年程度かけて、会社に文化というものが根付くのだろうと思っている。最悪なのは、1、2年程度で辞めて新しい取り組みをまた始めるというのを繰り返すことで、そうなると従業員からの信頼がなくなり、何をしても「またか」と思われるだけで組織の温度を上げていくのにとても苦労するようになる。

長年ご一緒しているあるクライアント企業とは、初年度はとにかく「活動を止めない。思っていたことができないことのほうが多くても、とにかく次年度につなげる」というのを合言葉に進めてきた。諦めずに進めていくこと、少しずつでも前に進むことが、何よりも一番大事だと改めて思っている。

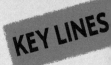

【活動を継続させるための主な打ち手】

打ち手	内容
コンセプトカード/ブック	・ビジョンワードとその説明を紙に印刷したものを配布 ・携帯できるカード型と、情報を詰め込めるブック型がある
コンセプトムービー	・企業が目指す姿を、映像を用いて感覚的に伝える ・社内研修等で使用することが多い
社内誌/イントラネット	・全社員が頻繁に目にする媒体を通して、インターナルブランディングのメッセージを定期的に発信
社内ポスター	・頻繁な接触により、意識定着を図る ・部署や支店ごとに内容を変えても良い
事例集	・インターナルブランディングの成果や、ビジョンワードに沿った行動などを、具体的に記載
ビジョンストーリー	・組織が変革した未来の姿を、物語形式で伝える ・絵本やアニメーションに落とし込む場合もある
ビジョンアート	・企業が目指す姿を表現したアート（絵画、写真、彫刻、楽曲など）を製作
ワークショップ	・社員が集まってビジョンについて話し合う場を定期的に開催 ・様々な視点を共有するために部署横断で行う場合もある
社内アワード	・ビジョンを体現するような活動を実施した社員や部署を表彰
アイデアコンテスト	・ビジョンを体現するような取組みアイデアを募集
アイデアシート	・社員が思いついたアイデアを日常的に投稿できる経路を設置
ピアボーナスシステム	・ビジョンを体現するような活動や姿勢を、社員同士が賞賛し合う仕組み

INTERNAL BRANDING

エピローグ

年が明けた。大野は妻の明日香と娘の美香を連れて、実家を訪ねていた。大野の母はすでに他界しており、父の守はひとりで暮らしている。もともと几帳面な性格で、家事も何でもこなせることもあってか、男やもめの暮らしは実に整っていた。共働きの大野家のほうが、小さい娘がいることもあり断然散らかっている。

「やっぱり実家は落ち着くな」

こたつで寝転ぶ大野を見て、守が穏やかに笑っている。美香はこたつの周りを何周も走りまわっていて、元気いっぱいだ。守はその様子を写真に収めながら、時折明日香とたわいもない話をしている。

組織変革室の業務が忙しくなったこともあり、大野は年末までの数カ月、働き詰めだった。明日香と交替で行っている美香のお迎えだけは何とかこなしていたものの、家に帰っても仕事をしたり、落ち着かない日々が続いた。しかしその忙しさが、大野には心地よかった。上からの指示を待つのではなく、組織変革室の相武や磯部と相談しながら、自分たちで考えたことを実行していく。そして自分たちの業務は、会社全体を活性化することにつながっている。それは大野にとって入社以来最大のやりがいだった。

そうした大野の変化を、明日香も感じ取っていたのだと思う。大野よりも働くことが大好きな明日香だが、さりげなく家事を多めに担ってくれたり、休日に美香と一緒に出掛けてくれたりして、大野が休息する時間や、仕事のことを考える時間を作ってくれていた。自分が忙しくなって初めて、明日香の大変さも理解できたように思えた。自分は今までなんちゃってイクメンだったと、大野は反省した。

「この前、清会長にお会いしたんだよ」

「そうだったの」

「父さんの同期が先月亡くなってな。清会長も葬儀に顔を出されたんだ。その後に一杯飲もうということになって、久しぶりに楽しくやってきた」

「清会長と飲みに行くことは、けっこうあったの？」

「昔はしょっちゅうだよ。仕事が一段落したってことで、工場でそのまま飲み始めたなんてこともあったな。朝まであの製品をこう改善したほうがいいとか、次はこんなことをやってみたいとか、延々話しているわけだよ。帰って来ないって母さんにはよく怒られたな」

「そうか。今は会社の飲み会自体があんまり開催されないんだよね。飲み会嫌いの若い子に対して強要になっちゃうかもしれないって、気にしている上司もいるんだよね」

「そうなのか。でも同じ釜の飯を食うという感覚は、結構大事だぞ。同じ屋根の下で、同じ目標に向かって働いている同志なんだからな」

「同志かあ、同僚のことを同志だと思ってる社員なんていないるのかな。まあ、飲むと連帯感は生まれるよね。あ、でもランチ会みたいな短時間でお酒が出ない場所なら、社員と社長との接点を持ちやすいかもな」

「それは組織変革室っていうやつの活動のことかい？」

「うん。組織変革室の室長、これからも続けて担当することになったんだ」

こたつの周囲を走り回ることに飽きたのか、美香はテレビを見ている。大野はよくわからないが、幼稚園で流行っている踊りがあるとかで、美香は明日香と一緒に踊りながらキャッキャと声をあげている。

「清会長も、喜んでいらっしゃったぞ」

「え、何で知っているの？」

「北里社長から話を聞いたらしい。いい息子を持ったなと、清会長から褒めて頂いたよ。あと、来年の審査会にはぜひ呼んでほしいともおっしゃっていた」

「そうだったんだ」

「父さんは年甲斐もなく嬉しかったよ。自分の息子を褒められたことも嬉しかったが、自分が大好きだった会社を、自分の息子や何十年も後輩にあたる社員たちが一生懸命盛り上げてくれていることが、素直に嬉しかった」

「ちょっとやめてくれよ。そういうの恥ずかしいから」

「健太、人からの賛辞は素直に受け止めるべきだぞ」

「でもそういうの慣れていないからさ」

大野は顔を赤くして下を向いてしまった。

「まあな、大人になればなるほど、自分を評価される機会というのは非常に少なくなってくる。特に仕事になると結果ありきになりがちで、その過程でどれくらい努力したかというのは評価されなくなるからな」

「そうだよね。でもそうした努力とか挑戦を、結果が出なかったからといってないがしろにされちゃったら、やっぱり人ってモチベーションが維持できないと思う。安定した給料が入ればOKだって割り切っている人もいるけれど、結局人はお金だけじゃ動かない。人は人でしか動かない。人と人とが交わって、感情が動かないと、人は変わらないんだよね」

「その通りだ」

「僕はさ、親父が清会長たちと一緒にものづくりに夢中になっていた時代の北電機のことは知らないよ。でもさ、アイデアコンテストで立ち上がったプロジェクトのメンバーの顔を見ていると、きっとこんな感じだったんだろうなって思うんだ」

「北電機を選んで入社してきている技術者たちだ。景気が悪くて上手く稼働できない時期があっても、技術者のチャレンジ精神というのは、どんな時代も同じだと父さんは思う。もちろん昔と同じようにいかないことはある。だから、次の北電機らしさを北里社長と共に考えていけばいいんじゃないかな」

「次の北電機らしさ、か」

「そう、誰かの真似じゃない。北電機らしさだ」

「そういうのが見つかるといいんだけど」

「見つかるさ。諦めなければ」

玄関のチャイムが鳴った。美香の大好きな宅配ピザが届いたようだ。「はーい」と大きく返事をして、美香が猛ダッシュで玄関に向かう。その後を明日香が笑いながら追いかけていく。大野が注意するが、父親の声は美香には一切耳に届いていないようだ。裸足のまま、玄関まで飛び出していった。

「美香、そんなに走ったら転んじゃうよ！」

おわりに

組織風土変革に臨むビジネスパーソンの挑戦、いかがでしたでしょうか。
インターナルブランディングというあまり一般的ではない概念と、その最新のやり方でもあるファクトドリブンの考え方など、いくつかの概念を詰め込んでしまったので、ノウハウ本としては分かりにくくなってしまっているところもあると思います。また、プロの小説家ではない我々が書いているので、単純に稚拙な部分もあると思います。ご容赦願えれば幸いです。

この本を書こうと思い立ってから、実は2年近く時間が経ってしまいました。最後の半年は、新型コロナの影響によって大きく変わることが想定できる中、この本を出版することの意味が本当にあるのかも悩みました。ですが、冒頭でも申し上げた通り、組織を変えていくということの本質は大きく変わることはなく、また今この状況だからこそ必要な面もあるのではないかと思い、出版を決めました。

繰り返しになりますが、いま会社を変えようと頑張っている方にとって、少しでも何かの役に立てばと願っております。

最後に、大きなヒントをいただきました阿久津樹里様をはじめ、バリューコマース㈱の皆様、大友さん、小原さん、中村さん、吉川さん、橋本さん、村川さん、長らく原稿をお待たせした同友館の佐藤様に深く感謝申し上げます。